课文作家
经典作品系列

少年中国说

梁启超 ◎ 著

长江出版传媒　长江少年儿童出版社

红日初升,其道大光。河出伏流,一泻汪洋。

——《少年中国说》

拉黄包车的人，信得过我可以拉黄包车才去拉，实实在在把拉车当作一件正经事来做，便是人生合理的生活。这叫做职业的神圣。凡职业没有不是神圣的，所以凡职业没有不是可敬的。

——《敬业与乐业》

所以教育事业，从积极方面说，全在唤起趣味；从消极方面说，要十分注意，不可以摧残趣味。

——《趣味教育与教育趣味》

所谓水流花放，云卷月明，美景良辰，赏心乐事，只要你在一刹那间领略出来，可以把一天的疲劳忽然恢复，把多少时的烦恼丢在九霄云外。

——《美术与生活》

目 录

第一辑　志业与品格　　　　　　　1

少年中国说　　　　　　　　　　3

敬业与乐业　　　　　　　　　　11

意志之磨炼　　　　　　　　　　17

怎样的涵养品格和磨炼智慧　　　26

自由意志　　　　　　　　　　　39

学生自修之三大要义　　　　　　52

第二辑　学问与生活　　　　57

为学与做人　　　　　　　　　59

学问的趣味与趣味的学问　　　68

趣味教育与教育趣味　　　　　77

美术与生活　　　　　　　　　85

无聊消遣　　　　　　　　　　91

人生目的何在　　　　　　　　95

最苦与最乐　　　　　　　　　100

第一辑

志业与品格

少年中国说

日本人之称我中国也,一则曰老大帝国,再则曰老大帝国。是语也,盖袭译欧西人之言也。呜呼!我中国其果老大矣乎?任公曰:恶!是何言!是何言!吾心目中有一少年中国在。

欲言国之老少,请先言人之老少。老年人常思既往,少年人常思将来。惟思既往也,故生留恋心;惟思将来也,故生希望心。惟留恋也,故保守;惟希望也,故进取。惟保守也,故永旧;惟进取也,故日新。惟思既往也,事事皆其所已经者,故惟知照例;惟思将来也,事事皆其所未经者,故常敢破格。老年人常多忧虑,少年人常好行乐。惟多忧也,故灰心;惟行乐也,故盛气。惟灰心也,故怯懦;惟盛气也,故豪壮。惟怯懦也，故苟且；惟豪壮也，故冒险。惟苟且也，故能灭世界；惟冒险也，故能造世界。老年人常厌事，少年人常喜事。惟厌事也，故常觉一切事无可为者；惟好事也，故常觉一切事无不可为者。老年人如夕照，少年人如朝阳。老年人如瘠牛，少年人如乳虎。老年人如僧，少年人如侠。老年人如字典，少年人如戏文。老年人如鸦片烟，少年人如泼兰地酒。老年人如别行星之陨石，少年人如大洋海之珊瑚岛。老年人如埃及沙漠之金字塔，少年人如西伯利亚之铁路。老年人如秋后之柳，少年人如春前之草。老年人如死海之潴为泽，少年人如长江之初发源。此老年与少年性格不同之大略也。任公曰：人固有之，国亦宜然。

任公曰：伤哉，老大也！浔阳江头琵琶妇，当明月绕船、枫叶瑟瑟、衾寒于铁、似梦非梦之时，追想洛阳尘中春花秋月之佳趣。西宫南内，白发宫娥，一灯如穗，三五对坐，谈开元、天宝间遗事，谱霓裳羽衣曲。青门种瓜人，左对孺人，顾弄孺子，忆侯门似海、珠履杂遝之盛事。拿破仑之流于厄蔑，阿剌飞之幽于锡兰，与三两监守吏或过访之好事者道当年短刀匹马，驰骋中原，席卷欧洲，血战海楼，一声叱咤，万国震恐之丰功伟烈，初而拍案，继而抚髀，终而揽镜。呜呼！面皱齿尽，白发盈把，颓然老矣。若是者，舍幽郁之外无心事，舍悲惨之外无天地，舍颓唐之外无日月，舍叹息之外无音声，舍待死之外无事业。美人、豪杰且然，而况于寻常碌碌者耶？生平亲友，皆在墟墓；起居饮食，待命于人；今日且过，遑知他日；今年且过，遑恤明年。普天下灰心短气之事，未有甚于老大者。于此人也而欲望以拿云之手段，回天之事功，挟山超海之意气，能乎不能？

呜呼！我中国其果老大矣乎？立乎今日以指畴昔，唐虞三代若何之郅治，秦皇汉武若何之雄杰，汉唐来之文学若何之隆盛，康乾间之武功若何之烜赫，历史家所铺叙，词章家所讴歌，何一非我国民少年时代良辰美景、赏心乐事之陈迹哉？而今颓然老矣，昨日割五城，明日割十城，处处雀鼠尽，夜夜鸡犬惊，十八省之土地财产已为人怀中之肉，四百兆之父兄子弟已为人注籍之奴，岂所谓老大嫁作商人妇者耶？呜呼！凭君莫话当年事，憔悴韶光不忍看。楚囚相对，岌岌顾影，人命危浅，朝不虑夕。国为待死之国，一国之民为待死之民，万事付之奈何？一切凭人作弄，亦何足怪！

任公曰：我中国其果老大矣乎？是今日全地球之一大问题也。如其老大也，则是中国为过去之国，即地球上昔本有此国，而今渐渐灭，他日之命运殆将尽也。如其非老大也，则是中国为未来之国，即地球上昔未现此国，而今渐发达，他日之前程且方长也。欲断今日之中国为老大耶，为少年耶，则不可不先明国字之意义。夫国也者，何物也？有土地，有人民，以居于其土地之人民而治其所居之土地之事。自制法律而自守之，有主权，有服从，人人皆主权者，人人皆服从者。夫如是，斯谓之完全成立之国。地球上之有完全成立之国也，自百年以来也。完全成立者，壮年之事也；未能完全成立而渐进于完全成立者，少年之事也。故吾得一言以断之曰：欧洲列邦在今日为壮年国，而我中国在今日为少年国。

夫古昔之中国者，虽有国之名，而未成国之形也，或为家族之国，或为酋长之国，或为诸侯封建之国，或为一王专制之国。虽种类不一，要之其于国家之体质也，有其一部而缺其一部，正如婴儿自胚胎以迄成童，其身体之一二官支先行长成，此外则全体虽粗具，然未能得其用也。故唐虞以前为胚胎时代，殷周之际为乳哺时代，由孔子而来至于今为童子时代，逐渐发达，而今乃始将入成童以上少年之界焉。其长成所以若是之迟者，则历代之民贼有窒其生机者也。譬犹童年多病，转类老态，或且疑其死期之将至焉，而不知皆由未完全、未成立也，非过去之谓，而未来之谓也。

且我中国畴昔岂尝有国家哉？不过有朝廷耳。我黄帝子孙聚族而居，立于此地球之上者既几千年，而问其国之为何名则无有也。夫所谓唐、虞、夏、商、周、秦、汉、魏、晋、宋、齐、梁、陈、隋、唐、宋、元、明、清者，则皆朝名耳。朝也者，一家之私产也。国也者，人民之公产也。朝有朝之老少，国有国之老少，朝与国既异物，则不能以朝之老少而指为国之老少明矣。文、武、成、康，周朝之少年时代也；幽、厉、桓、赧，则其老年时代也。高、文、景、武，汉朝之少年时代也；元、平、桓、灵，则其老年时代也。自余历朝，莫不有之。凡此者，谓为一朝廷之老也则可，谓为一国之老也则不可。一朝廷之老且死，犹一人之老且死也，于吾所谓中国者何与焉？然则吾中国者，前此尚未出现于世界，而今乃始萌芽云尔。天地大矣，前途辽矣，美哉，我少年中国乎！

玛志尼者，意大利三杰之魁也。以国事被罪，逃窜异邦，乃创立一会，名曰少年意大利。举国志士，云涌雾集以应之，卒乃光复旧物，使意大利为欧洲之一雄邦。夫意大利者，欧洲第一之老大国也，自罗马亡后，土地隶于教皇，政权归于奥国，殆所谓老而濒于死者矣，而得一玛志尼，且能举全国而少年之，况我中国之实为少年时代者耶？堂堂四百余州之国土，凛凛四百余兆之国民，岂遂无一玛志尼其人者？

龚自珍氏之集有诗一章，题曰《能令公少年行》。吾尝爱读之，而有味乎其用意之所存。我国民而自谓其国之老大也，斯果老大矣；我国民而自知其国之少年也，斯乃少年矣。西谚有之曰："有三岁之翁，有百岁之童。"然则国之老少又无定形，而实随国民之心力以为消长者也。吾见乎玛志尼之能令国少年也，吾又见乎我国之官吏、士民能令国老大也，吾为此惧。夫以如此壮丽浓郁、翩翩绝世之少年中国，而使欧西、日本人谓我为老大者何也？则以握国权者皆老朽之人也，非哦几十年八股，非写几十年白折，非当几十年差，非捱几十年俸，非递几十年手本，非唱几十年喏，非磕几十年头，非请几十年安，则必不能得一官，进一职。其内任卿贰以上、外任监司以上者，百人之中，其五官不备者殆九十六七人也，非眼盲则耳聋，非手颤则足跛，否则半身不遂也。彼其一身，饮食、步履、视听、言语，尚且不能自了，须三四人在左右扶之、捉之乃能度日，于此而乃欲责之以国事，是何异立无数木偶而使之治天下也？且彼辈者，自其少壮之时，既已不知亚细、欧罗为何处地方，汉祖、唐宗是那朝皇帝，犹嫌其顽钝腐败之未臻其极，又必搓磨之、陶冶之，待其脑髓已涸、血管已塞、气息奄奄、与鬼为邻之时，然后将我二万里山河、四万万人命，一举而畀于其手。呜呼！老大帝国，诚哉其老大也。而彼辈者，积其数十年之八股、白折、当差、捱俸、手本、唱喏、磕头、请安，千辛万苦，千苦万辛，乃始得此红顶花翎之服色、中堂大人之名号，乃出其全副精神、竭其毕生力量以保持之。如彼乞儿拾金一锭，虽轰雷盘旋其顶上，而两手犹紧抱其荷包，他事非所顾也，非所知也，非所闻也。于此而告之以亡国也、瓜分也，彼乌从而听之？乌从而信之？即使果亡矣、果分矣，而吾今年既七十矣、八十矣，但求其一两年内洋人不来、强盗不起，我已快活过了一世矣。若不得已，则割三头两省之土地奉申贺敬以换我几个衙门，卖三几百万之人民作仆为奴以赎我一条老命，有何不可？有何难办？呜呼！今之所谓老后、老臣、老将、老吏者，其修身、齐家、治国、平天下之手段，皆具于是矣。西风一夜催人老，凋尽朱颜白尽头。使走无常当医生，携催命符以祝寿。嗟乎痛哉！以此为国，是安得不老且死？且吾恐其未及岁而殇也。

任公曰：造成今日之老大中国者，则中国老朽之冤业也；制出将来之少年中国者，则中国少年之责任也。彼老朽者何足道，彼与此世界作别之日不远矣，而我少年乃新来而与世界为缘，如僦屋者然，彼明日将迁居他方，而我今日始入此室处。将迁居者不爱护其窗棂，不洁治其庭庑，俗人恒情，亦何足怪？若我少年者，前程浩浩，后顾茫茫，中国而为牛为马为奴为隶，则烹脔鞭箠之惨酷，惟我少年当之；中国如称霸宇内，主盟地球，则指挥顾盼之尊荣，惟我少年享之。于彼气息奄奄、与鬼为邻者何与焉？彼而漠然置之，犹可言也；我而漠然置之，不可言也。使举国之少年而果为少年也，则吾中国为未来之国，其进步未可量也。使举国之少年而亦为老大也，则吾中国为过去之国，其澌亡可翘足而待也。故今日之责任不在他人，而全在我少年。少年智则国智，少年富则国富，少年强则国强，少年独立则国独立，少年自由则国自由，少年进步则国进步，少年胜于欧洲则国胜于欧洲，少年雄于地球则国雄于地球。红日初升，其道大光。河出伏流，一泻汪洋。潜龙腾渊，鳞爪飞扬。乳虎啸谷，百兽震惶。鹰隼试翼，风尘吸张。奇花初胎，矞矞皇皇。干将发硎，有作其芒。天戴其苍，地履其黄。纵有千古，横有八荒。前途似海，来日方长。美哉，我少年中国，与天不老！壮哉，我中国少年，与国无疆！

"三十功名尘与土，八千里路云和月。莫等闲，白了少年头，空悲切。"此岳武穆《满江红》词句也，作者自六岁时即口受记忆，至今喜诵之不衰。自今以往，弃"哀时客"之名，更自名曰"少年中国之少年"。作者附识。

敬业与乐业

我这题目,是把《礼记》里头"敬业乐群"和《老子》里头"安其居乐其业"那两句话,断章取义造出来。我所说的是否与《礼记》《老子》原意相合,不必深求;但我确信"敬业乐业"四个字,是人类生活的不二法门。

本题主眼,自然是在"敬"字、"乐"字。但必先有业,才有可敬、可乐的主体,理至易明。所以在讲演正文以前,先要说说有业之必要。

孔子说:"饱食终日,无所用心,难矣哉!"又说:"群居终日,言不及义,好行小慧,难矣哉!"孔子是一位教育大家,他心目中没有什么人不可教诲,独独对于这两种人便摇头叹气说道:"难!难!"可见人生一切毛病都有药可医，惟有无业游民，虽大圣人碰着他，也没有办法。

唐朝有一位名僧百丈禅师，他常常用两句格言教训弟子，说道："一日不做事，一日不吃饭。"他每日除上堂说法之外，还要自己扫地、擦桌子、洗衣服，直到八十岁，日日如此。有一回，他的门生想替他服务，把他本日应做的工悄悄的都做了。这位言行相顾的老禅师，老实不客气，那一天便绝对的不肯吃饭。

我征引儒门、佛门这两段话，不外证明人人都要有正当职业，人人都要不断的劳作。倘若有人问我："百行什么为先？万恶什么为首？"我便一点不迟疑答道："百行业为先，万恶懒为首。"没有职业的懒人，简直是社会上的蛀米虫，简直是"掠夺别人勤劳结果"的盗贼。我们对于这种人，是要彻底讨伐，万不能容赦的。有人说：我并不是不想找职业，无奈找不出来。我说：职业难找，原是现代全世界普通现象，我也承认，这种现象应该如何救济，别是一个问题，今日不必讨论。但以中国现在情形论，找职业的机会，依然比别国多得多，一个精力充沛的壮年人，倘若不是安心躲懒，我敢信他一定能得相当职业。今日所讲，专为现在有职业及现在正做职业上预备的人——学生——说法，告诉他们对于自己现有的职业应采何种态度。

第一要敬业。敬字为古圣贤教人做人最简易、直捷的法门，可惜被后来有些人说得太精微，倒变得不适用了。惟有朱子解得最好，他说："主一无适便是敬。"用现在的话讲，凡做一件事，便忠于一件事，将全副精力集中到这事上头，一点不旁骛，便是敬。业有什么可敬呢？为什么该敬呢？人类一面为生活而劳动，一面也是为劳动而生活。人类既不是上帝特地制来充当消化面包的机器，自然该各人因自己的地位和才力，认定一件事去做。凡可以名为一件事的，其性质都是可敬。当大总统是一件事，拉黄包车也是一件事，事的名称，从俗人眼里看来，有高下；事的性质，从学理上解剖起来，并没有高下。只要当大总统的人，信得过我可以当大总统才去当，实实在在把总统当作一件正经事来做；拉黄包车的人，信得过我可以拉黄包车才去拉，实实在在把拉车当作一件正经事来做，便是人生合理的生活。这叫做职业的神圣。凡职业没有不是神圣的，所以凡职业没有不是可敬的。惟其如此，所以我们对于各种职业，没有什么分别拣择。总之，人生在世，是要天天劳作的。劳作便是功德，不劳作便是罪恶。至于我该做那一种劳作，全看我的才能如何，境地如何。因自己的才能、境地，做一种劳作做到圆满，便是天地间第一等人。

怎样才能把一种劳作做到圆满呢？唯一的秘诀就是忠实，忠实从心理上发出来的便是敬。《庄子》记佝偻丈人承蜩的故事，说道："虽天地之大，万物之多，而惟吾蜩翼之知。"凡做一件事，便把这件事看作我的生命，无论别的什么好处，到底不肯牺牲我现做的事来和他交换。我信得过我当木匠的做成一张好桌子，和你们当政治家的建设成一个共和国家同一价值；我信得过我当挑粪的把马桶收拾得干净，和你们当军人的打胜一支压境的敌军同一价值。大家同是替社会做事，你不必羡慕我，我不必羡慕你。怕的是我这件事做得不妥当，便对不起这一天里头所吃的饭。所以我做这事的时候，丝毫不肯分心到事外。曾文正说："坐这山，望那山，一事无成。"我从前看见一位法国学者著的书，比较英法两国国民性，他说："到英国人公事房里头，只看见他们埋头执笔做他的事；到法国人公事房里头，只看见他们衔着烟卷像在那里出神。英国人走路，眼注地上，像用全副精神注在走路上；法国人走路，总是东张西望，像不把走路当一回事。"这些话比较得是否确切，姑且不论，但很可以为敬业两个字下注脚，若果如他们所说，英国人便是敬，法国人便是不敬。一个人对于自己的职业不敬，从学理方面说，便是亵渎职业之神圣；从事实方面说，一定把事情做糟了，结果自己害自己。所以敬业主义，于人生最为必要，又于人生最为有利。庄子说："用志不分，乃凝于神。"孔子说："素其位而行，不愿乎其外。"我说的敬业，不外这些道理。

第二要乐业。"做工好苦呀！"这种叹气的声音，无论何人都会常在口边流露出来。但我要问他："做工苦，难道不做工就不苦吗？"今日大热天气，我在这里喊破喉咙来讲，诸君扯直耳朵来听，有些人看着我们好苦；翻过来，倘若我们去赌钱去吃酒，还不是一样在淘神费力？难道又不苦？须知苦乐全在主观的心，不在客观的事。人生从出胎的那一秒钟起到咽气的那一秒钟止，除了睡觉以外，总不能把四肢、五官都搁起不用。只要一用，不是淘神，便是费力，劳苦总是免不掉的。会打算盘的人，只有从劳苦中找出快乐来。我想天下第一等苦人，莫过于无业游民，终日闲游浪荡，不知把自己的身子和心摆在那里才好。他们的日子真难过。第二等苦人，便是厌恶自己本业的人，这件事分明不能不做，却满肚子里不愿意做，不愿意做逃得了吗？到底不能。结果还是皱着眉头、哭丧着脸去做。这不是专门自己替自己开玩笑吗？我老实告诉你一句话："凡职业都是有趣味的，只要你肯继续做下去，趣味自然会发生。"为什么呢？第一，因为凡一件职业，总有许多层累、曲折，倘能身入其中，看他变化、进展的状态，最为亲切有味。第二，因为每一职业之成就，离不了奋斗；一步一步的奋斗前去，从刻苦中得快乐，快乐的分量加增。第三，职业的性质，常常要和同业的人比较骈进，好像赛球一般，因竞胜而得快乐。第四，专心做一职业时，把许多游思、妄想杜绝了，省却无限闲烦恼。孔子说："知之者不如好之者，好之者不如乐之者。"人生能从自己职业中领略出趣味，生活才有价值。孔子自述生平，说道："其为人也，发愤忘食，乐以忘忧，不知老之将至云尔。"这种生活，真算得人类理想的生活了。

　　我生平最受用的有两句话：一是"责任心"，二是"趣味"。我自己常常力求这两句话之实现与调和，又常常把这两句话向我的朋友强聒不舍。今天所讲，敬业即是责任心，乐业即是趣味，我深信人类合理的生活总该如此，我盼望诸君和我同一受用！

意志之磨炼

（其一）

人生最要紧的是意志，不论大小事业，都是从坚强意志产生出来。意志薄弱的人，什有九是一事无成；便偶然有成，也不过侥幸。为甚么呢？因为意志是行为的主宰，我们一切大小行为，无非奉着意志的号令去干。意志一有退屈，一有变更，那行为自然中止。行为中止，不是从前所行的都变了白行吗？然而无论干大事小事，总不能一帆风顺的到底，中间总不免有些波折。没志气的人碰着波折，便嗒然若丧的掉转头来，好像行船遇着逆风便转柁回头，那得有日子达到彼岸！又大凡做一件事，做久了总不免有些厌倦，没志气的人随着自己性子，厌了就把他搁下，好像掘井掘了几丈还未见水，讨厌他便停工了，岂不是依然得一个废井！若是意志坚强的人，除非不打定主意做一件事便罢，主意打定，他便百折不回，一定要贯彻到底。并非他的才能比别人高强，并非他的机会比别人便利，不过中间有几个关头，别人挨不过的，他却挨过去，便是他成功独一无二的秘诀。这个我叫他做意志的威力。

意志的威力既然怎么大，这是我们身上第一件宝贝，自不消说了。但是这件宝贝，并非这个人生来便有，那个人生来便无；这个人生来便强，那个人生来便弱。孟子说得好："苟得其养，无物不长；苟失其养，无物不消。"我们意志作用，也是和别的生理作用、心理作用一样，会修养他，他便变成坚强，不修养他，他便变成薄弱。所以，我中国圣经贤传以及宋明诸儒语录，教人立志的话不知多少；外国教育家从前立德育、智育、体育三个纲领，近来却加上一个意育，拿来做那三育的根本，可见修养意志这件事，中外哲人都是一般的看重了。但是，意志的修养和别的修养有不同，别的事都可以靠别人多少帮点忙，意志却完完全全靠自己发动。别的学问都可以从书本里、讲堂里、操场里学得出来，意志却要从事实上阅历。若是没有这番阅历，那学堂里的修身讲义，书箱里的宋明儒学案，任从你背得烂熟，事到头来，却一点受用处也没有。质而言之，意志这件东西好像钢铁一般，非经过锤炼，不能成就；越发锤炼，越发坚强。所以我这回标题，不用修养两个字，却用磨炼两个字，就是为此。

然则意志怎生个磨炼法呢？美国心理学大家占士博士，算是近世提倡意育第一个人，他说是："意育的教授，我料只有一件，名叫做'困难'。若要磨炼意志，总要每日碰着困难的事才得。"这两句话，现今教育家都奉为名言，其实我国先哲孟子已经讲得十分透辟。孟子说道："人之有德慧术智者，恒存乎疢疾。独孤臣孽子，其操心也危，其虑患也深，故达。"又说道："天将降大任于是人也，必先苦其心志，劳其筋骨，饿其体肤，空乏其身，行拂乱其所为，所以动心忍性，曾益其所不能。"这些话怎么讲呢？无非借着外界种种困难，将自己的意志千锤百炼，练成一种不折不挠的作用。咄咄！我们好青年听啊！你家里穷吗？你家庭难处吗？你早年碰着不幸的事吗？你近来的境遇样样失意吗？你身子单薄吗？你资质愚钝吗？你莫怨恨，你莫恐慌，你莫忧愁。这是别人要想也想不到手的一种磨炼意志的绝好资料，你居然碰着了，也是你前世根基深厚，承天帝特别眷爱，得这种好机会，来作成你一辈子的人格。我刚才不是说的，成功秘诀，只靠着挨得过几个难关吗？须要知道，挨难关可不是顽耍的事。若从前一向没有经过难关的人，到入世做事的时候，一碰碰着，挨他不过，这个人可就一辈子算完了。不是多年来练出一种挨难关的本领，到临时那里有许多侥幸？我们好青年听啊！现在好容易有这种种小难关摆在眼前，你只要来一回，挨一回，挨过一关，你的意志便坚强一度。将来你出来担当事业，便有天大的难关，你也见惯不惊，行所无事了。你莫当作我这话是无聊慰藉的话，其实做人的方法本来就是如此，请你切勿将这种好机缘错过罢。

　　倒是那些富贵人家的少爷小姐们，我却真替他担心不小。为甚的呢？因为他没有了磨炼意志的机会。既然没有机会来磨炼，久而久之，那意志自然会麻木了。生下来丰衣足食，父母钟爱，或者更有点小小聪明，人人见了恭维，要想什么，便得什么，从出世到了成年，就不懂这困难两个字怎的写法，还讲什么拿自己意志去和困难奋斗呢？却要知道，"困难"这件东西，倒也不甚势利，他并不是怕富贵欺贫穷，凭你是金镶玉里的人，他少不免也常要登门拜访你一二次。他不来便罢，来了非和他拼个你死我活，就挡不了他的大驾。

到那时，保标的就靠着这个意志。这个意志平日既是娇娇怯怯的和闺女一般，临时还中甚么用，除了降伏在这位"困难"老爷的脚底下，恐怕更无别法，你这个人可不是一辈子算完了吗？所以孟子说："生于忧患，而死于安乐。"宋儒也说："少年得志大不幸。"这并不是拿话来吓你，其实照道理讲，本是如此哩！

然则这些不幸的人怎么好呢？咄咄！我们好青年听啊！你也别要害怕，我教你一个法儿，你可以从没有机会中造出机会，你可以从没有资料中造出资料。你说这位"困难"老爷总不肯来枉顾你吗？你就不妨找着他碰上去，拿你的意志和他挑战。怎么找法呢？怎么碰法呢？譬如你在学堂的功课，觉得数学最困难，觉得外国地理最讨厌，你便拿出你的意志来和他拼一拼，非弄到不困难，不讨厌，誓不干休。譬如你最怕的是那冷水洗澡，你便又拿你的意志和他拼一拼，从夏秋间洗起，到大雪冰冻时还是那样，看这冷水还奈你的皮肤何？看这皮肤还奈你的意志何？这种不就是磨炼意志的绝好方法吗？我不过随便举两件，你若晓得这个方法，喜欢用这个方法，那就眼面前无论那一件事，都可以扯来做磨炼意志的资料。我的好青年啊！磨炼去！赶紧磨炼去！别要等到将来急时抱佛脚，可就来不及了。

（其二）

　　前回讲磨炼意志的方法，莫妙于找些困难事情碰上去，拿自己的意志和他奋斗，这个方法并不是我杜撰，中外古今，几多圣贤豪杰，那一个不是由这种方法成就起来？即如佛世尊，苦行六年，在深山旷野中树林底下歇宿，穿坟墓上死人遗下的衣服，乃至每日吃几粒豆子、几粒芝麻来维系着这条性命，难道说人生的衣、食、住三件事，必须如此才合于道德吗？难道要这样矜奇立异，骇吓流俗吗？不过因为要成就天下第一等伟大事业，必须具有天下第一等坚强意志；要成就天下第一等坚强意志，必须打胜天下第一等困难境遇。佛世尊生为王子，多福多乐，从那里得有困难境遇来？所以他要舍家入山，自己去找那人生不堪的境遇来历练自己，能行人所不能行，能舍人所不能舍，能忍人所不能忍，务要把自己的四肢百体，七情六欲，一切制伏，叫他在这尊严凛烈的一个意志底下帖耳受命。所有种种善行，无非拿出意志的威力和外界决斗，斗胜一回，意志便加强一度。好像打铁的，将这块铁丢在火里，烧到通红，拿出来锤他几十锤，丢在水里，泡到冰冷，又拿出来锤他几十锤。要想成就一种金刚不坏性，自然是不得不如此呀！乃至孔子讲的"克己复礼",老子讲的"自胜者强",孟子讲的"动心忍性",都是同一作用。归根结底,不过是要自己的意志当得起自己的家,作得起自己的主。至于怎么样才能做到,尽可以由各人自择手段,不必拘于一格哩。

要磨炼意志,最好是择些细微事件来自己检束自己。譬如吃水烟或吃纸烟,虽然是无益,却无十分大害,本来就听他要吃便吃,也不妨事。要磨炼意志的人,却可以拿他做个操练场。不打主意戒便罢,既打主意,一戒就要戒到底。这些事别要看轻他,这是试验意志强弱最严最准的一个寒暑表,也是自己扶植自己意志的一个最妙法门。因为大事件不容易碰着一回,碰着了,自然会注意提点拿来做修养意志的资料,没有多大效力。(譬如我立定主意不杀人,不骗人钱,这杀人骗钱的动机就不容易有,或者一辈子碰不着,或者几年碰不着。若有了这种动机,我自然能注意,要制止他也比较的容易。)独有这些小事,如吃烟等类,吃惯了的人,一日之间,想吃烟的动机可以起到几百次,自己又觉得他无关轻重,虽然也曾立意要戒,不知不觉就放松了。殊不知,这便是意志薄弱的一种绝大证验。放松一回,便是意志打一回败仗。若是一日内几百次想吃,几百次偏不许吃,这意志便算打了几百回胜仗,安得不强?我们试读一读曾文正的日记，看他讲他戒烟的辛苦成功，可以知道他后来在靖港，在湖口，在祁门，千灾万难，百折不回，都不过是少年戒烟时磨炼出来的意志作用。我说要找一两件细微事入手用功，这就是个先例。明白这种道理，也就可以知道，佛教为甚么立许多极繁琐的戒律，儒教为甚么立许多极繁琐的礼仪，都不过叫人磨炼意志的一种手段。所以佛世尊说的"制心一处，无事不办"，孔子说的"以礼制心""庄敬日强""肌肤之会，筋骸之束"，并非说戒律、礼仪便是道德标准。因为意志是道德的根本，戒律、礼仪都是修养意志的一种方便。我们若能心知其意，也会自己找出方便来了。

磨炼意志的好方法，一面是刚才所说，拣一两件细微习惯，拿起坚强意志去矫正他，一面最好是拣一两件无关紧要的事件，拿起坚强意志来，日日有一定的规律去做他。晋朝名臣陶侃拿一百块砖头，日日早上亲自搬出去摆在院子，晚上亲自搬回屋里头；英国名相格兰斯顿每日午饭后，一定要劈一点钟的柴；曾文正在军中，每日定要下一盘棋；李文忠定要临一百个字的《圣教序》，这都是甚么意思呢？那陶氏、格氏人人都说他是运动筋骨，要身体强壮。但是运动的方法很多，何妨日日随意替换着操练，为甚么限定要做搬砖劈柴这种枯燥无味的事？那曾文正难道是要做下棋国手，那李文忠难道要做书法名家，为甚么百忙中才不肯抛下这两件呢？须知他要操练的并不是身体，并不是技术，全是要借来操练他的意志。须知自己立一种规律拘束自己，自己便恪恭遵守他，一点不含糊，非有极坚强意志的人，断断办不来。拈一件干燥无味的事，日日有一定时刻去做，不许生厌，养成这种德性，比甚么事都难。古人说的"十年如一日"，若有人能于日常不关要紧的事任举一件，真个十年如一日的做去，我说这个人意志的力量，就比泰山还坚，比雷霆还大，拿出来做事，还有甚么做不成呢？

诸君见谅，说来实在惭愧，我说的方法，我是一件没曾办到，我所以不能够成个圣贤豪杰，就是为此。但孔子说的，"不以人废言"，我虽是自己没有办到，我的方法却自信是不错，而且都是前人讲过的，我不过撮起来重述一遍。盼望有志之士采用实行，小子就不胜荣幸了。

怎样的涵养品格和磨炼智慧

校长，诸君，我今年所担任的演讲，缺课太多，实在对不起诸君。讲起道德，我自己就首先惭愧。不过这是因家庭间事所牵，无可如何，诸君当能见谅。

今晚所讲的是怎样的涵养品格和磨炼智慧，一方面是属于德育，一方面是属于智育。

但有一句话我要首先申明的，无论讲德育、智育，我绝不相信有独步单方；我相信"头头是道""同归殊途"，不能呆板的固执一偏之见。古今中外名人所讲，都不过是许多路中照一条路。我现在不过把我自己所认为很好的路，自己所曾走过的路，贡献给诸君。

近年以来，青年品格之低降实在是不可掩的事实。其最大的原因，就是经济的压迫。现在世界各国，都感觉经济的困难，而中国为尤甚。全国人好像困在久旱的池塘中的鱼，大家在里面争水吃，现在如此，将来恐怕更要利害。人们不能不生存，因为要生存，就会顾不得品格了。大部分青年——尤其是在清华的青年，受着父母的庇荫，现在尚未感觉到这种困难。不过此境不可长久，将来这种狂风暴雨，诸君终有身当其冲之一日，到时便知此中的危险了。

但是，许多还未身当这种压迫之冲的青年，早已经变坏了！他们虽是学生已俨然变成小政客，日夜钩心斗角，求占人家的便宜，出不正当的风头。这种现象，从前已有之，近日为甚。盖自五四运动以后，青年的精神，一方面大为振作，一方面也就发生弊端。其重要的原因，由于政界的恶浊空气传染进教育界去了。没廉耻的教育家，往往拿金钱去买弄学生，一般青年，虽无引诱，已难保不堕落。何况教育当局，处在师长地位的，竟从中利用，"以身作则"，其结果那堪设想呢？

像诸君在清华，社会坏习气尚未十分侵入，经济的压迫也不厉害，所以空气较为干净，品格尚能保持至相当的程度。但在此时若不把品格的根底打好，将来一到恶浊的社会里，也就危险了。

唉！我看二十年来的青年，一批一批的堕落下去，真正痛心得狠！从前一班慷慨激昂满腔热血的青年，一到社会里去，不几年，因为受不起风波，便志气消失，渐渐的由失意而堕落。在他一方面，有些碰到好机会的，便志得意满，但没些时受了社会恶浊的同化，生平的志气，和从前的学识渐渐的不知消归何所了。近年来的青年，好像海潮一般，一波一波的往下底降。正如苏东坡所谓："大江东去浪声沉，多少英雄豪杰，雨散灰飞。"若长是如此，中国前途，真不堪设想了。所以在我们青年品格未固定，可善可恶的时候，须得早早下点涵养功夫，把根基打好，将来到社会里才能不屈不挠，立得住脚。

涵养的方法是怎样呢？我以为必须注意下列各点：

（一）有精到的技能；

（二）有高傲的志气；

（三）有真挚的信仰；

（四）有浓深的兴趣。

第（一）项，可以说是完全属于物质方面。因为生在现在的社会，非有精到的本事，不能维持生活。生活不能维持，还讲什么道德？孔子说："饭疏食饮水，曲肱而枕之，乐亦在其中矣。"这话诚然不错，不过也要有"疏食"可"饭"，有水可饮，才能"乐在其中"。"贤哉回也，一箪食，一瓢饮，在陋巷，人不堪其忧，回也不改其乐；贤哉回也"。这话诚然不错，不过也要有"箪食""瓢饮""陋巷"，才能"不改其乐"。所以总要有维持最低限度生活的技能，才可以维持人格，况且现在的经济状况和从前不同。例如"一瓢饮"，从前是"昏夜叩人之门户……无不与者"。现在北京城里是用自来水，倘使孔子、颜子住在今日北京城没有钱买自来水，便不能生活。可见许多从前不用劳力可得的，现在却不能了。又如诸葛亮、陶潜，都是躬耕自给的，但是假使他们生在现代，要想耕田，也非有金钱买田不行。可见许多从前只要用劳力便可得到的东西，现在却不能了。所以，必有可以换得金钱的精到技能，才能维持生活。

外国是有产阶级与无产阶级对抗，而中国是有业阶级与无业阶级对抗。现在中国讲共产主义者，大都是无业游民，不过拿这些主义来混饭吃。我记得从前上海有一个身穿洋服、手持士的[①]的"先生"，坐着人力车去高昌庙、龙华寺，半路频拿士的击车夫，说："快些走！不要误我的事！"问他什么事，他说，他现在正赶时候到那里讨论劳动问题！现在中国所谓大总统、大元帅、巡阅使、总司令、督军、省长……

[①] 士的：英语 stick 的音译，即手杖。

固然是无业游民，而骂他们、反对他们最激烈的也何尝不是无业游民？拿枪乱杀的固然是无业游民，而高唱裁兵的又哪一个不是无业游民。中国所以闹到这样糟，都是为此。

这些话谁也知道，而且谁也不愿意做无业游民。但因为没有技能，或有技能而不精到，找不到事做，结果便流为游民。所以我说精到的技能，"精到"二字，应该特别注意。有了精到的技能，要找相当职业，固然现在比从前难些。在欧美各国，许多人虽有相当的技能还找不到职业，但是在中国，只要你有精到的技能，若说找不到职业，我绝不相信。有人说："技能何尝靠得住？你看：某人也做总统了，某人也做总长了，某人某人也做督军、省长……了，他们何尝有些技能？"这些事实，诚然有之，但凭借机会而居上位，不过是少数的例外，社会上最后的公道，总是有的。现在中国社会对于人才的需要甚紧迫，外国回来的学生，虽一天比一天多而能供给社会需求的还少，因为他们大半是不懂国情。我刚才和人谈天，说起某人大倡小学改革，而他的改革是根据美国某埠的。像这种人，于中国情形全不了解，谁还找他办事？又如有许多在外国学经济的人，对于本国经济状况反不十分熟悉。虽然中国银行界需人才，他们怎能办得了呢？所以我觉得找不到职业的，有十分之七八是自己对不起社会，社会对不起自己的，总是极少数的例外。如果真正有精到的本事，人人且争着要找他，更不愁找不到职业。例如学做茶碗，倘若你能做得真真价廉物美，谁也争着要买你的。例如北京城里几位有真学问的教授，倘若他们肯他就，处处学校都要争着请他们。又例音乐界的萧友梅，倘若他肯出马，什么音乐会也少不了他。所以在目前只怕自己没有真本领，有真本领而会饿死的我真不相信。诸君无论学哪一门学问，总要学到精绝，学到到家，维持生活是绝对不成问题的。

有技能可以维持生活，不致因被经济压迫而堕落，然后才可以讲得到人格。

讲到涵养品格，第一要养成高傲的志气。倘若没有高傲的志气，见了别人住一百块钱一个月的房子，自己住五十块钱一个月的，比不上他，便羡慕他，要学他；见了别人坐汽车马车，自己坐人力车，比不上他，便羡慕他，要学他；因为羡慕他，要学他，于是连人格都不顾。大多数人品格之堕落皆由于此——由于物质生活之提高。

孟子说："堂高数仞，榱题数尺，我得志，不为也；食前方丈，侍妾数百人，我得志，不为也；般乐饮酒，驱骋田猎，后车千乘，我得志，不为也。"有了这种高傲的志气，自己有自己的做人方法，"在彼者皆我所不为"，便不会因羡慕他人物质的享用而移其志。孟子尝称道狂狷说,"不得中道而与之必也,狂狷",狂者进取；狷者有所不为,狷者不屑不洁,能如是自然可以养成高傲的志气。所以我讲道德,不主张消极的节制,而主张积极的提高,放大与扩充。像庄子所说,"背若泰山,翼若垂天之云,抟扶摇羊角而上者九万里,去以六月息"的大鹏,决不屑和斥鷃争一粒粟,因为他们度量大小不同之故。许多人决不会见一个铜子而动心,决不会因一个铜子而杀人放火；但是一块钱,十块钱,一千块钱,一万块钱……就不同了。

你看因十块钱的津贴而变节的学生,真不知多少。孟子"鱼我所欲"章说得好:"一箪食、一豆羹,得之则生,弗得则死；,嘑尔而与之,行道之人弗受；蹴尔而与之,乞人不屑也。万钟则不辨礼义而受之。万钟于我何加焉？为宫室之美,妻妾之奉,所识穷乏者得我与？"一个铜子和一万块钱,一箪食、一豆羹和万钟,实在有什么分别？无论为大为少而把自己人格卖掉,都是睬不起自己。所以孟子批评他道:"是亦不可以已,此之谓失其本心。"我们要把志气提高,把度量放大,不为一铜子的奴隶,也不为一万块钱的奴隶,更不为宫室之美,妻妾之奉,所识穷乏者得我,而卖掉自己的人格；于物质之奉,如鹪鹩巢于深林,不过一枝,鼹鼠饮河,不过满腹，此外世人以为狠快乐、狠荣耀的东西，我看他如大鹏之看斥鷃的一粒粟一样，那么，品格就高尚了。

还有一层，志气高傲，才可以安处风波，不怕逆境。人生不能不碰风波，挨得过风波，便到坦途。终身在风波中的狠少。许多人因为志气太小，当不住风波，便堕落下去。人生之能否成功，全看其能否挨得风浪。譬如航行一千里的水程，中途遇着风浪便不敢进，那就永无登彼岸之希望。有了高傲的志气，不为困难所挠，打破了难关，以后便一帆风顺了。

所以我们用不着战战兢兢的去防备堕落，只要提高志气，"先立乎其大者，则其小者不能夺"了。

高傲的志气，青年人多有之，不过多因为操持不坚，后来日渐消磨至尽。且光有志气，尚恐怕有客气之病，故必须济之以真挚的信仰。

所谓信仰，不单指宗教，凡政治家信仰某种主义，文学家信仰他的优美的境界，以及凡信仰某种主张见解，都是信仰。总而言之：信仰者，就是除开现在以外，相信还有未来远大的境界。有了信仰，拿现在做将来的预备，无论现在怎样感觉痛苦，总以为所信的主义，将来有无限光明。耶稣为什么死在十字架而不悔？因为他相信他的流血可以超救众生。一个人若有信仰,不独不肯作卑污苟且的事,且可以忘却目前恶浊的境界,而别有一种安慰,于目前一切痛苦、困难,都不觉得失望,不发生惧怕,所以我希望青年们总要有一种真挚的信仰。

人们在空间和时间中的活动能力很小,无论如何,一切现实活动,总为时间、空间所限。但是理想则不然,无论什么地方,什么时间,我们的理想都可以达到。所以信仰是可以打破时间和空间的束缚的,人若没有信仰,只知目前现世,那么,生活就未免太干燥无味了。

最后讲到趣味的生活,这可说是我个人自得的法门。

有人问子路:"孔子是什么样的人?"子路不答。孔子对他说:"你何不告诉他:'其为人也,发愤忘食,乐以忘忧,不知老之将至。'"可见孔子生平,也是深得力于趣味。

一个人于他的职业的本身自然要有浓深的趣味,同时最好于职业以外选择一种有浓深趣味的消遣——如踢球、围棋、歌乐等——来陶冶性情。这种趣味浓深的消遣,至好在青年时代养成,庶几将来别的坏习惯不会"取而代之"。

我所谓兴趣,是要没有反面的。譬如吃,也许是有趣,但吃多了生病便没趣了;譬如赌,也许有趣,赌输了便没趣了。其他类此者举之不尽——这类的消遣,不能算是趣味的。

我个人是一个书呆子，觉得无论做什么事情，都比不上做学问这样有兴趣。生平在政治上打了好几个跟斗——为功为罪且别论——所以不致堕落到十八层地狱者，都是因为养成了读书的趣味。

以上我所说的四层，完全是积极的提高。就是孟子所谓"先立乎其大者"，宋儒如陆象山、明儒如王阳明都以此为教。

现在要讲到怎的磨炼智慧，因为时候已不早，只能简略的说。

有人主张主观的静坐修养，以求智识，这条路我不赞成。我以为要客观的考察，才可以得到智识，其方法不外：

（一）发生问题要大胆；

（二）搜集整理资料要耐烦；

（三）判断要谨密。

天下事最怕以不成问题了之，没有问题，便没有研究。不会读书的人，看见书全是平面的；会读书的人，觉得书是凹凸不平的。我们要训练自己的脑筋，于别人所不注意处注意，于别人所不怀疑处怀疑。天下古今，那一时，那一地没有苹果落地，而因之发明引力的只有奈端[①]；那一时，那一地没有水汽掀壶盖，而因之发明蒸汽机关的只有一瓦特，因为他们能对于别人以为不成问题的发生问题。

我们对于事物所以不会发生问题者，由于有所"蔽"，《荀子·解蔽篇》说得最透切。"蔽"有两种，一种是自己蔽自己——自己的成见蔽自己；一种是蔽于别人——或为古人所蔽，或为今人所蔽，或为时代所蔽，都是蔽于别人。能打破这两种蔽，便看见什么东西都是浮起，都会去注意他。

既发生了问题，要想解决他，不能空口讲白话，必须以资料为根据。达尔文养鸽子养了二十余年，观察蚂蚁打架观察了若干年，才得到资料来做他生物学上发明的根据。资料不会找我们，非我们耐烦去找他不可。自然界如此，书本上也是如此。找到了资料，要耐烦去整理他，分析他，这两步工夫做到，则此问题之解决，思过半矣。

下判断的工夫，和发生问题相反。发生问题越大胆越好，但下判断要十分细心谨慎，丝毫不能苟且。倘若发现反证，必须勇于改正，甚至把全部工作弃却亦所不惜，千万勿为成见所蔽。

[①] 奈端：今译为牛顿，英国著名物理学家、数学家，提出万有引力定律。

关于磨炼智慧，我最后还有两句话：

一是荀子所说的"好一则博"。怎么"好一"反会"博"呢？许多不会做学问的人样样都想懂，结果只是一样都不懂。譬如开一间商店，与其挂起种种货色都有的招牌，而种种货色都不完备，何如专办一种货，而能完备呢？所以入手研究学问，范围愈狭愈好。而在此范围以内，四方八面都要晓得透澈。例如我这学年担任讲近三百年中国学术史，三百年以前，我可以不管，但是在这三百年以内，不独学术的本身，而且学术与政治的影响、学者的生活、学者的年龄等问题，都要知道。

能如是，那就是博了。又例如做一个人的年谱——我常说做年谱最可为初学磨炼史学技术——于那个人的生平思想，以及时代背景等都能熟悉，这便是博了。

学问无论大小，无论有用没用，皆可以训练自己的脑筋。把脑筋训练好，道路走熟，以后无论所研究什么东西，都得着门径了。

最末一句话，就是孟子所谓"深造""自得"。我们求学万不可光靠教育，万不可光靠课本，要"深造自得"。做学问想得深刻的印象，想真正的训练脑筋，要不怕吃苦，不怕走冤枉路，宁可用狠笨的方法，费狠多的时候，去乱碰乱冲；不要偷懒，不要贪便宜。历尽困苦艰难求来的学问，比之安坐而得的一定更透彻，更有深刻的印象。

现在的学校教育，教授法太好，学习太容易，最足以使学生"软化"。尤其是美国式的教育，最喜欢走捷径，结果得之易，失之也易。所以我警告诸君，要披荆斩棘，求"深造自得"。

以上所讲的，虽然极普通，但都是我个人所得。上面也说过，我不过把所认为狠好的，所曾走过的路贡献给诸君。

自由意志

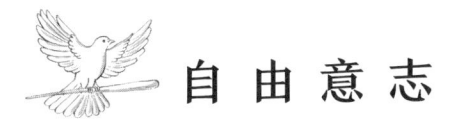

人类和禽兽最不同的还有那件呢？人类有自由意志，禽兽便没有。这又是极要紧的一种分别。

现今老师宿儒，提起自由二字，好像蛇蝎似的，不愿意听，这个固然可笑。但一般青年，拿自由两字做口头禅，至于这两个字，在人性上有甚么根据，在人道上有甚么价值，却未曾理会过，所以不能亲切有味。日日讲自由，却自己日日陷在极不自由的地位，明眼人看去，着实可怜。我以为若要真正自由，非从本原上讲到自由意志不可。

甚么叫做自由意志呢？譬如一张桌子一张椅子，有人把他搁在一个地方，他便站定了，非等到有别人来搬他，他再不会动一动。他的或动或定，全由他力，这便是不自由。

譬如一个表，把链上起，他的轮齿，便有一定规则的拨捩，循还往复，再也不会错，却也不会变化。这纯属机械的作用，也是不自由。譬如一棵树，虽然有根有叶，能吸收营养品发达自己，却是自己一毫作不得主。大水冲来，只好等着淹死；大雪下来，只好等着冻死。这是为自然所支配，也不能自由。譬如高等动物，那就进步多了。他自己想走动便走动，想休息便休息，已经渐渐有一种意思来宰制他的行为。但是他这种意思，纯由生理冲动，并非有一种考量抉择的作用，仍是从自然力演出，也不能自由。

　　人类却不然。人类的本能有一部分纯属生理冲动作用，和禽兽丝毫无别。如血液的运行，胃膜的涨缩，肺管的呼吸，简直和机械一样，不必论了。乃至饮食男女，人之大欲，口之于味，耳之于声，目之于色，都有同嗜同美。这也不过一种生理关系，五官所接，随感随受，和禽兽没有甚么不同处。独有一件，凡遇一件事到了眼前，我便想一想，或是应该做，或是不应该做，或是这样做法，或是那样做法，先打定一个主意。这个主意，虽然可以和别人参酌商量，但最后的决定，却全在自己。决定之后，自己便命令四肢五官去照着做，谁也不能拦阻我。这便叫做自由意志，这是人类以外的动物所万不能有的。

但人类到底能否有自由意志，在东西哲学家，仍成为一多年辩论不决之问题。为甚么这个还成为一个问题呢？有一派学者说：我们看见自己的意念要起便起，要落便落，要东便东，要西便西，像是完全由我作主；但是否真正由我作主，仍属不能断定，怎见得没有别的一件东西超出我们之上，正在那里来宰制我们呢？怎见得我们的意志，不是受了他宰制还不自觉，好像着了催眠术一样的呢？这些话诸君听了别要惊奇，我们中国诸家圣哲的学说，大半带这种臭味。如孔孟一派所讲的天命说，说人受性受命于天，万事都由天主宰，所谓"天地为铲，造化为工，阴阳为炭，万物为铜"。就这样看来，岂不是我们一言一动，乃至起一念头，都在造物小儿陶甄之中？我们不过像登场傀儡，别有一个人在暗里牵线，我随他摆布转动罢了。又如老庄一派所讲的自然说，他虽不说有一个具体的天神在上头指挥摆布，却是说有一个大机器在那里无意识的流行运转，我们人类也包举在里头。这个自然的大机器，有绝对不可抗力，人类生于其间，也不过像机器中一轮一齿，那里有甚么自由呢？这两派学说，大同小异，在我国二千年来思想界，实占莫大势力。所以这绝对的自由意志说，我国先哲，实在未尝承认。请读一读《列子》里头的《力命》篇，他假设两个人，一个人名叫做力，一个名叫做命，两人较量功德，这位力先生到底屈伏在那位命老爷的底下，这就算自由意志不成立的断案。这种或叫做自然说，或叫做宿命说，不独我中国多年盛行，就是西方古代的印度咧，希腊咧，近代的欧美各国咧，也有许多宗教家、哲学家力持此论，与自由意志说对抗，势力狠是不可侮哩！

但据我看来，若是人类没有了自由意志，则一切道德法律宗教，便根本的不能存在。怎么说呢？譬如就道德方面说，某人是善人，某人是恶人；就法律方面说，善人应该赏，恶人应该罚；就宗教方面说，善人升天堂，恶人入地狱。这道德家、法律家、宗教家拿甚么做根据来判断人呢？因为有善恶两途列在前面，任凭各人自由选择。你要为善也在你自己，你要为恶也在你自己。你居然肯选择善的一条路去，所以应赏；若是你偏要选择恶的一条路去，这便该罚。种种劝惩赏罚，都是以人类本有自由意志为前提。若说我们意志没有自由，则为善的并非自己为善，不过造物牵着他为善，或是自然裹着他为善，有何可赏！那为恶的也是如此，罚他岂不冤枉。所以若不承认有自由意志，那就为善为恶都无责任；善恶都无责任，那就道德法律宗教连根拔起不能存在，人类生在世间，更有何意义，有何价值？我所以讲到根本

问题，一定归结到自由意志，就是为此。（未完）

  著者启事：鄙人顷方在京百忙中草此，应期出版，故未能完篇，且含义殊未宣达。但深望读者诸君乘拙稿未脱之时，试精心研究自由意志之为物，毕竟有无；若说是有，有何佐证？能赐答案，所深幸也。鄙见当于下来复就教。

  我所以极力说自由意志的缘故，因为必须承认意志自由，然后我之为我才能实现，然后人格才有价值。但是泰西学者反对这自由意志说的却甚多，第一，便是那旧派的宗教家。他说人类若果自由，便成了中国古代格言说的"人定可以胜天"，这不是把上帝的全知全能加了限制吗？这是和基督教义违背，万难承认的。这一说最为渺茫，最为陈腐，不是信仰基督教的人，尽可置之不论，就是为那信教的人说法，也很容易解释。我记得美国心理学大家占士氏有个譬喻很好，他说譬如有一位下棋的国手，对家要下某着某着，他都能预先算定。却是两着之中，系到底下那一着，只得任凭你自由选择。你选择错了，自己要吃亏，我却不能管你。这就是上帝的全知全能和人类的自由不妨两立的绝好譬喻。

我却还有几句彻底透亮的话：我以为上帝之有无，上帝的能力如何，人类和上帝的交接感通如何，这都是不可思议的神秘，不能拿科学来证明的，我们甚么人，敢下武断吗？但我敢说，无论何种宗教，必须以人类有自由意志为前提。倘或没有了这个，何以为受教之地呢？宗教家教人要信仰，教人要忏悔。那信仰不信仰，忏悔不忏悔，还不是由各人的意志自由发动自由选择吗？各位教主为甚么不去教土石、教草木、教禽兽？就是因为他没有意志，不能自由，想教好他也教不来。翻过来一想，就可以知道，我们能受宗教的益处，都是靠这一点自由意志了。

那泰西哲学家，也有很反对自由意志说的，他说此说和哲学上所公认之因果律不能相容。天下事理，不论大小，断无无果之因，亦无无因之果。因既生果，果复为因。因果果因，好像百结连环，一个扣着一个，相联不断，这种道理既然大家承认。然则我们的意志为甚么发动，发动到甚么方向，总有他一个原因，那里能够完全由我作主？我们的行为，既是由意志作主，若使意志纯然自由，那么无论何人忽然天外飞来的起一个念头，便也天外飞来的演成一件事实，那不是将因果律完全破坏，闹得个世界无从捉摸吗？有一派哲学家所说，大略如此，拿来和中国古代学说比较，他那宗教家讲的，有点像我们的宿命说；这些哲学家讲的，有点像我们的自然说，这一说虽然狠有深奥的道理，但可惜把自由两个字有点错解了。原来自由的意义，并非作绝无原因偶然发生的解释，乃是指自己不受外界的束缚，能够自发自动。自由意志这句话，说的是我们的神明里头一个主人翁，自己要怎么样就怎么样，别人不能勉强我，也不能帮助我的。若讲到神明的活动，自然有他的一定法则，和哲学上所谓因果律相应，这更何消说？所以因为拘泥因果律倒疑到意志不自由，这是不该的。

还有科学家反对自由意志说的，那议论却更精到了。这里头又分为有力的两大派：一派是心理学家，他说意志之为物，也不过与知觉、观念、感情等同为心理作用之一。心理作用，完全受一定的法则所支配，凡外界所感受的事物，经各种感官传达于脑，脑的中枢，便起一种动机；动机强的时候，便立成一个意志，可见得意志并非能够自由发动的。（这是心理学上的动机说。）又人类生性各有所偏，大抵从遗传承受下来，因之肉体上精神上皆生一种偏重的倾向。这种倾向，愈演愈强，这个人的意志，便全然受了他支配。譬如好饮酒的人，生出来的子孙，渐渐也好饮酒，这全是不由自主、怪他不得的。（这是心理学上的性向说。）又不独性向而已，习惯也能成为第二之天性。讲到习惯，却大半都是从无意识中生出来。譬如有人偶然跷着腿坐，当初原非一定有意要这样，但跷上几次，便成了习惯，以后却非跷不可了。各种习惯，大率如此。人类意志的活动，什有九都是为习惯所支配，那里能够自由呢？（这是心理学上的习惯说。）这种心理学的论据，狠是有力，那著名的哲学大家斯宾塞尔，曾说"有意志自由，便无心理学"，可见这辩争真算激烈了。还有一派便是社会学家，他说人类不过生物之一种，总不能脱生物的公共法则。凡生物的活动，总要受遗传的支配，而且要顺应他的环境才能生存。若说人类独能于遗传顺应之外，拿自己的意志支配自己的活动，岂不是与生物学的原理相背吗？况且人类的思想，总要受时代和社会的束缚限制，这是显而易见的。譬如孔子、耶稣，虽是大圣，却不曾起个意志想要坐轮船、坐火车。我们生在今日，却不会起个意志想学哥仑波的样子坐一只帆船过大西洋。我们现在的中国人，再不会起个意志要并吞邻国；在学堂用功的学生，再不会起个意志要做强盗。诸如此类，都可以证明人类的意志，没有不受时代和社会的限制，任凭你有多大本领，断不能离社会而生存。既落在一个社会里头，自然是同社会的人人，互相模拟，互相牵制。我们自己起一个意志，以为是由我发动，却不知道实是受社会心理的教唆暗示，好像着了催眠术一般，那里算得自由呢？这种种学说都是十九世纪末科学大家所主张，壁垒狠是精严，好不容易破他哩！

我对于这一类学说，不能不承认他含有一部分真理；但是据着这个来抹煞自由意志，我以为是大错了。大抵此等学说，家数虽多，总不脱唯物论的臭味。然而唯物论断不能说明最高的真理，我是敢昌言的。如今且拿心理学来讲，旧派的心理学，把心理和生理同一样方法去研究，专讲他运动变化的轨道，何尝不极精极密？殊不知这都是心的现象，不是心的本体。讲到本体，绝非一般凡近的科学所能说明，全凭参证直觉得来。人类自由意志，正是人心本体最初发动一种不可思议处，安能拿后起的心理作用来推断他有无呢？至于讲到那个人的遗传性咧，习惯咧，社会上的顺应咧，模拟咧，暗示咧，诚然对于我们的意志很有影响，但这是我们本来的自由意志，不幸受了限制，断不能因为有了这限制，就说我意志本来不能自由。向来都说犯罪人的子孙，多半爱犯罪，却是近来各国的慈善教育家，有些人专教顽劣儿童，成绩都很好，这是统计上确凿有据的。若依着极端的遗传论，那么从娘胎里带着恶血来的人，便一生一世没有能够不为恶的自由,天下安有此理?又如爱吃烟成了习惯的人,他若果然打定主意去戒,他断没有戒不了的事。可见习惯支配意志之力本甚小,意志矫制习惯之力却甚大。若说是日常无意识中所养成的习惯,便可以剥夺我的自由,这不过没志气人所说的话罢了。至于社会上四围境遇,常能把个人自由意志限制一部分,虽然是不能免;但又须知,无论何种社会,总是常常有个人的自由意志在那里腾跃摩荡,这社会才成个活社会,不然,便成个死社会,不久就要消灭了。若说个人意志,个个都不过是顺应社会现状一种反影,那么社会今日有这种现状,应该过十年百年还是这种现状,从那里还有进化来?须知社会或由坏变好或由好变坏,都是由该社会中各分子的自由意志在那里相摩相荡。佛说"三界唯心所造",正是这个道理。近世唯物派的社会学家,硬要叫社会把个人都吞灭进去,我却是不能附和哩!

我辩证这些狠啰嗦的学理,却又说不透,恐怕读者诸君久生厌了。今且简单归结起来:第一,原来人类有自由意志,本属自明之理。譬如我们两个人辩论,我说自由,你说不自由。你为甚么会从自由不自由两说里头拣出个不自由说来主张,这便是你有自由意志的真凭实据。第二,我们凡做一件事,自己总觉得有责任。(责任心之强弱,虽各人不同,但无论何人总有些少。）这责任心从何而来？因为我可以如此可以如彼。今既如此，则因此所生之结果，我自然当负其责。若是受外界逼迫做那和我自由意志相反的行为，我便不负责任。譬如船主碰着行船危险的时候，为救人起见，将所载贵重货物投下海去，自己便不觉得有糟蹋货物的责任。为甚么呢？因为这时候我保全货物的意志不容我自由呀！第三，我们做过一件事，或是满足，或是悔恨。为甚么呢？因为这事做与不做，本来有我的自由，所以做对了才满足，做错了才悔恨呀！第四，我们对于别人的行为，常常称赞他崇拜他，或讥诮他攻击他，这都是认定了他有他的自由意志。若是没有，那么他做好事，并不是自己要做好，乃是不得不做好，有何可赞呢？他做坏事，也不是自己要做坏，乃是不得不做坏，有何可讥呢？第五，我们对于别人的思想行为，虽至亲之人，也不能预先测定他一定是这样或是那样。为甚么呢？因为他有他的自由意志，谁也不能管谁呀！何独别人，就是我自己，一点钟以前，也不能知道我一点钟以后作何思想。为甚么呢？因为我的意志本来自由，现在并不能限制收束呀！第六，我们为甚么做一件事要勤劳、要努力，因为我信得过我既已有这个意志，我决定可以自由贯彻下去。若是没有自由，那就任凭你如何努力都没结果，所为何来呢？这样看来，人类的确有自由意志，大概可以明白了。

　　读者诸君，我说这一大片自由意志的话，有何用处呢？我第一件要诸君知道人类万能；更老实说一句，便是自己万能。因为天下事都是从人的意志生出来，人的意志，却是自由发展，本无限制。所以孔子说的"我欲仁斯仁至矣"，又说的"为仁由己而由人乎哉"，又说的"人能弘道非道弘人"，又说的"先天而天不违，天且不违，而况于人乎"，又说的"能尽其性，则可以赞天地之化育，可以与天地参"；佛世尊说的"一切众生，只要肯发心修行，个个都可以成佛"。这种伟大的教义都是先认定了人类有自由意志，认定了自由意志是万能，所以教人拿自己来做世界进化的中枢。我们若是信得过这个道理，便大踏步向上去，竖起脊梁担当起来，还有甚么疑沮，还有甚么颓丧呢？第二件要诸君想一想，这自由意志，既是我本来面目，但是我现在的意志，到底真正得了自由也未曾。恐怕还是如那科学家所说，甚么遗传咧、习惯咧、境遇咧，层层束缚，就从来没有过自由的时候。弄来弄去，只怕连这点意志都麻木了，磨灭了。可知道这并非我本来如是，这都是我没出息，甘做那遗传习惯境遇的奴隶，把最可宝贵的天赋自由抛弃了，这是人生最可耻的事。所以我劝诸君只要将你的自由意志恢复起来、扩充起来,这才不枉却为人一世哩!

著者启事:鄙人将有远游,百事蝟集,但讲坛文,殊不欲中止。顷方拟赶撰数篇,备按期刊登。以后仍在舟中续作,惟航邮间阻,或偶愆期,伏祈怒谅。

学生自修之三大要义

鄙人于两年前,尝居此月余,与诸君旦夕相见。虽年来奔走四方,席不暇暖,所经危难,不知凡几,然与诸君之感情,既深且厚,未尝一日忘。故在此百忙中,亦不能不一来与诸君相见。

相去两载,人事之迁移,又如许矣。旧日之座上诸君,当有一部分已远游外国。而今日座中诸君,想有一部分乃新来,未曾相识,惟大多数当能认此故人。今对于校长及各教员殷勤之情意,与乎诸君活泼之精神,鄙人无限愉快,聊作数言,以相切磋,题为"学生自修之三大要义"。

(一)为人之要义;(二)作事之要义;(三)学问之要义。

第一为人之要义。古来宗教哲学等书,言之已不胜其详,惟欲作一概括之语以论之,则"反省克己"四字,为最要义。反省之结果,即人与禽兽之所由分也。生理作用,人畜无异焉。如饥而思食,渴而思饮,劳而思息,倦而思眠,凡有血气,莫或不尔。惟禽兽则全为生理冲动所支配,人则于生理冲动之时,每能加以思索,是谓反省。反省而觉其不当,则收束其欲望,是谓克己。如饥火内煎,见有可食之物,陈于吾前,禽兽则不问其谁属,辄攫而食之;人则不然,物非所有,固不能夺,即所有权乃属于我,亦当思所以分惠同病之人,此道德之所由生也。《论语》所谓吾日三省吾身,又曰而内自省也,又曰内省不疚,皆申明此反省之要义。凡事思而后行,言思而后出,此立身之大本也。人之所以为万物之灵,亦因其具有此种能力,惟必思所以发达之而已,此似易而实最难,惟当慎之于始。譬如以不诚之举动欺人,以快意道他人之短长,传播以为谭柄,此人类之恶根性,自非圣哲,莫不有之。若放纵而不自克,便成习惯,循至此心不能自主,随落乃不知所届。古来圣贤立教,不外纠正人之此种习惯。惟不自省,至此恶性已成,习惯曾不自觉,则虽有良师益友,亦莫能助也。诸君之年龄,在人生最有希望之时期,然亦为最危险之时期。大抵十五至二十时,乃终身最大之关头,宜谨慎小心，以发达良心之本能，使支配耳目手足，勿为耳目手足所支配。事之来也，可行与否，宜问良心。良心之第一命令，必为真理，宜服从之。若稍迟疑，则耳目手足之欲，必各出其主意，而妄发命令，结果必大错谬。譬诸受他人之所托，代保管其金钱，良心之第一命令，必曰克尽厥职，勿坠信用也。若不服从此命令，则耳目之欲，必曰吾久枯寂，盍借此以入梨园？口腹之欲，必曰吾久干燥，盍假此以访酒家？如是则良心之本能，竟为物欲所蔽矣。小事如此，大事亦何独不然？历史上之恶人，遗臭万世，然当日其良心之第一命令，必无误也。人之主体，乃在良心，须自幼养成良心之独立，勿为四支五官之奴隶。身奴于人，尚或可救，惟自作支体之奴隶，则莫能助，惟当反省克己而已。

第二作事之要义。大抵各人之所受用，固自有其独到处，未必从同，若鄙人则以"精力集中"四字，为作事之秘诀，以为必如此，其力乃大。譬诸以镜取火，集径寸之日光于一点，着物即燃，此显而易见者也。凡事不为则已，为之必用全力，乃克有成。昔有一文弱之孝子，力不能缚一鸡，父死未葬，比邻失慎，延及居庐，此子乃举棺而出诸火。此何故？精力集中而已。语曰：至诚所感，金石为开。又曰：思之思之，鬼神通之。李广射石没羽，非无稽也。即以最近之事言之，蔡公松坡，体质本极文弱，然去年在四川之役，尝十昼夜不得宁息，更自出其精力，以鼓将士之勇气，卒获大胜，非精力集中，岂能及此？盖精力与物不同，物力有定限，而精力则无穷。譬诸五百马力之机器，五百即其定量矣。精力则不然，善用之则其力无限，此人类之所以不可思议也。《论语》所谓居处恭，执事敬。此语最为精透。据朱子之所解释，谓敬者主一无适之谓。主一无适，即精力集中而已。法国人尝著一书，以自箴其国人，谓英国人每作一事，必集精力而为之，法人则不如此，英之所以能强也。至于中国，更何论焉，中且不有，何集之云！执业不对于职务负责任，而思及其次，此我国之国民性也。为学亦然，慧而不专，愚将胜之。学算而思及于文，文固不成，算亦无得，此一定之理也。余最有此等经验。每作一文，或演说，若吾志认为必要时，聚精神而为之，则能动人。己之精力多一分，则人之受感动亦多一分；若循例敷衍，未见其有能动人者矣。正如电力之感应，丝毫不容假借也。曾文正谓精神愈用而愈强。愿诸君今日于学业上，日操练此精神，而他日任事，自能收效矣。

第三学问之要义。勤也，勉也，此古圣贤所以劝人为学之言也。余以为学问之道，宜先在开发本能。孔子曰：人能弘道，非道弘人。梭格拉底曰：余非以学问教人，乃教人以为学。此即所谓能与人规矩，不能使人巧，所成几许，求其在我而已。若求学而专以试验及格为宗旨，则试验之后，学问即还诸教师，于我无有也。然则若何？曰当求在应用而已。譬诸算学，于记帐之外，当用之以细心思；譬诸几何，于绘图之外，当用之以增条理。凡百学问，莫不皆然。若以学问为学校照例之功课，谓非此不足以得毕业证书，则毕业之后，所学悉还诸教师，于己一无所得也。例如体操，学校之常课也，其用在强健身体，为他日任事之预备。若云非此不足以得文凭，吾强为之，则假期之后，其可以按日昼寝矣乎，是无益也。孔子曰：古之学者为己，今之学者为人。学以致用，即为己也；欲得文凭，以炫耀乡人，此为人也。年来毕业学生，奚啻千万，问其可以能致用于国家者，能有几人？此无他，亦曰为人太多，而自为太少耳。愿诸君为学，但求发达其本能，勿务于外，此余所以发至亲爱之精神，至热诚之希望，奉告于诸君也。

第二辑

学问与生活

为学与做人

诸君，我在南京讲学将近三个月了，这边苏州学界里头，有好几回写信邀我，可惜我在南京是天天有功课的，不能分身前来。今天到这里，能够和全城各校诸君聚在一堂，令我感激得很。但有一件，还要请诸君原谅，因为我一个月以来，都带着些病，勉强支持，今天不能作很长的讲演，恐怕有负诸君期望哩。

问诸君："为什么进学校？"我想人人都会众口一辞的答道："为的是求学问！"再问："你为什么要求学问？""你想学些什么？"恐怕各人的答案就很不相同，或者竟自答不出来了。诸君啊！我请替你们总答一句罢："为的是学做人。"你在学校里头学的什么数学、几何、物理、化学、生理、心理、历史、地理、国文、英语，乃至什么哲学、文学、科学、政治、法律、经济、教育、农业、工业、商业等等，不过是做人所需要的一种手段，不能说专靠这些便达到做人的目的。任凭你把这些件件学得精通，你能够成个人不能成个人还是别问题。

人类心理，有知、情、意三部分，这三部分圆满发达的状态，我们先哲名之为三达德——智、仁、勇。为什么叫做"达德"呢？因为这三件事是人类普通道德的标准，总要三件具备才能成一个人。三件的完成状态怎么样呢？孔子说："知者不惑，仁者不忧，勇者不惧。"所以教育应分为知育、情育、意育三方面。——现在讲的智育、德育、体育，不对，德育范围太笼统，体育范围太狭隘，——知育要教到人不惑，情育要教到人不忧，意育要教到人不惧。教育家教学生，应该以这三件为究竟，我们自动的自己教育自己，也应该以这三件为究竟。

怎么样才能不惑呢？最要紧是养成我们的判断力。想要养成判断力，第一步，最少须有相当的常识。进一步，对于自己要做的事须有专门智识。再进一步，还要有遇事能断的智慧。假如一个人连常识都没有，听见打雷，说是雷公发威；看见月蚀，说是蛤蟆贪嘴。那么，一定闹到什么事都没有主意，碰着一点疑难问题，就靠求神问卜，看相算命去解决，真所谓"大惑不解",成了最可怜的人了。学校里小学、中学所教,就是要人有了许多基本的常识,免得凡事都暗中摸索。但仅仅有这点常识还不够,我们做人,总要各有一件专门职业,这门职业,也并不是我一人破天荒去做,从前已经许多人做过,他们积了无数经验,发见出好些原理原则,这就是专门学识。我打算做这项职业,就应该有这项专门学识。例如我想做农吗,怎样的改良土壤,怎样的改良种子,怎样的防御水旱病虫,等等,都是前人经验有得成为学识的。我们有了这种学识,应用他来处置这些事,自然会不惑,反是则惑了。做工、做商,等等,都各各有他的专门学识,也是如此。我想做财政家吗,何种租税可以生出何样结果,何种公债可以生出何样结果,等等,都是前人经验有得成为学识的。我们有了这种学识,应用他来处置这些事,自然会不惑,反是则惑了。教育家、军事家,等等,都各各有他的专门学识,也是如此。我们在高等以上学校所求的智识,就是这一类。但专靠这种常识和学识就够吗?还不能,宇宙和人生是活的不是呆的,我们每日所碰见的事理是复杂的、变化的,不是单纯的、印板[1]的。倘若我们只是学过这一件才懂这一件,那么,碰着一件没有学过的事来到跟前,

---

[1] 印板:原指印刷用的底板,这里比喻死板不变。

便手忙脚乱了。所以还要养成总体的智慧，才能得有根本的判断力。这种总体的智慧如何才能养成呢？第一件，要把我们向来粗浮的脑筋，着实磨炼他，叫他变成细密而且踏实，那么，无论遇着如何繁难的事，我都可以彻头彻尾想清楚他的条理，自然不至于惑了。第二件，要把我们向来昏浊的脑筋，着实将养他，叫他变成清明，那么，一件事理到跟前，我才能很从容很莹澈的去判断他，自然不至于惑了。以上所说常识学识和总体的智慧，都是智育的要件，目的是教人做到知者不惑。

怎么样才能不忧呢？为什么仁者便会不忧呢？想明白这个道理，先要知道中国先哲的人生观是怎么样。"仁"之一字，儒家人生观的全体大用都包在里头。"仁"到底是什么？很难用言语说明，勉强下个解释，可以说是"普遍人格之实现"。孔子说："仁者人也。"意思说是人格完成就叫做"仁"。但我们要知道，人格不是单独一个人可以表现的，要从人和人的关系上看出来，所以仁字从二人，郑康成解他做"相人偶"。总而言之，要彼我交感互发，成为一体，然后我的人格才能实现。所以我们若不讲人格主义，那便无话可说。讲到这个主义，当然归宿到普遍人格。换句话说，宇宙即是人生，人生即是宇宙，我的人格和宇宙无二无别，体验得这个道理，就叫做"仁者"。然则这种仁者为什么就会不忧呢？大凡忧之所从来，不外两端：一曰忧成败，二曰忧得失。我们得着"仁"的人生观，就不会忧成败。为什么呢？因为我们知道宇宙和人生是永远不会圆满的，所以易经六十四卦始"乾"，而终"未济"，正为在这永远不圆满的宇宙中，才永远容得我们创造进化，我们所做的事，不过在宇宙进化几万万里的长途中，往前挪一寸两寸，那里配说成功呢！然则不做怎么样呢？不做便连这一寸两寸都不往前挪，那可真真失败了。"仁者"看透这种道理，信得过只有不做事才算失败，肯做事便不会失败，所以《易经》说："君子以自强不息。"换一方面来看，他们又信得过凡事不会成功的，几万万里路挪了一两寸，算成功吗？所以《论语》说："知其不可而为之。"你想，有这种人生观的人，还有什么成败可忧呢？再者，我们得着"仁"的人生观，便不会忧得失。为什么呢？因为认定这件东西是我的，才有得失之可言。连人格都不是单独存在，不能明确的画出这一部分是我的，那一部分是人家的，然则那里有东西可以为我所得？既已没有东西为我所得，当然也没有东西为我所失，我只是为学问而学问，为劳动而劳动，并不是拿学问、劳动等等做手段来达某种目的——可以为我们"所得"

的。所以老子说:"生而不有,为而不恃。""既以为人己愈有,既以与人己愈多。"你想,有这种人生观的人,还有什么得失可忧呢?总而言之,有了这种人生观,自然会觉得"天地与我并生,而万物与我为一",自然会"无入而不自得"。他的生活,纯然是趣味化、艺术化,这是最高的情感教育,目的教人做到仁者不忧。

怎么样才能不惧呢?有了不惑不忧工夫,惧当然会减少许多了,但这是属于意志方面的事。一个人若是意志力薄弱,便有很丰富的智识,临时也会用不着,便有很优美的情操,临时也会变了卦。然则意志怎么才会坚强呢?头一件须要心地光明。孟子说:"浩然之气,至大至刚,行有不慊于心,则馁矣。"又说:"自反而不缩,虽褐宽博,吾不惴焉。自反而缩,虽千万人吾往矣。"俗语说得好:"生平不作亏心事,夜半敲门也不惊。"一个人要保持勇气,须要从一切行为可以公开做起。这是第一着。

第二件要不为劣等欲望之所牵制。《论语》记:"子曰:'吾未见刚者。'或对曰:'申枨。'子曰:'枨也欲,焉得刚?'"一被物质上无聊的嗜欲东拉西扯,那么,百炼刚也会变为绕指柔了。总之,一个人的意志,由刚强变为薄弱极易,由薄弱返到刚强极难。一个人有了意志薄弱的毛病,这个人可就完了。自己作不起自己的主，还有什么事可做？受别人压制，做别人奴隶，自己只要肯奋斗，终须能恢复自由。自己的意志做了自己情欲的奴隶，那么，真是万劫沉沦，永无恢复自由的余地，终身畏首畏尾，成了个可怜人了。孔子说："和而不流，强哉矫。中立而不倚，强哉矫。国有道，不变塞焉，强哉矫。国无道，至死不变，强哉矫。"我老实告诉诸君说罢，做人不做到如此，决不会成一个人。但做到如此真是不容易，非时时刻刻做磨炼意志的工夫不可。意志磨炼得到家，自然是看着自己应做的事，一点不迟疑，扛起来便做，"虽千万人吾往矣"，这样才算顶天立地做一世人，绝不会有藏头躲尾左支右绌的丑态。这便是意育的目的，要教人做到勇者不惧。

我们拿这三件事作做人的标准，请诸君想想，我自己现时做到那一件——那一件稍为有一点把握。倘若连一件都不能做到，连一点把握都没有，嗳哟！那可真危险了，你将来做人恐怕就做不成。讲到学校里的教育吗，第二层的情育、第三层的意育，可以说完全没有，剩下的，只有第一层的知育。就算知育罢，又只有所谓常识和学识，至于我所讲的总体智慧靠来养成根本判断力的，却是一点儿也没有。这种"贩卖智识杂货店"的教育，把他前途想下去，真令人不寒而栗。

现在这种教育，一时又改革不来，我们可爱的青年，除了他更没有可以受教育的地方。诸君啊！你到底还要做人不要？你要知道危险呀！非你自己抖擞精神想方法自救，没有人能救你呀！

诸君啊，你千万别要以为得些断片的智识，就算是有学问呀！我老实不客气告诉你罢，你如果做成一个人，智识自然是越多越好。你如果做不成一个人，智识却是越多越坏。你不信吗？试想想全国人所唾骂的卖国贼某人某人，是有智识的呀，还是没有智识的呢？试想想全国人所痛恨的官僚政客——专门助军阀作恶鱼肉良民的人，是有智识的呀，还是没有智识的呢？诸君须知道啊，这些人当十几年前在学校的时代，意气横厉，天真烂漫，何尝不和诸君一样，为什么就会堕落到这样田地呀？屈原说的："何昔日之芳草兮，今直为此萧艾也。岂其有他故兮，莫好修之害也。"天下最伤心的事，莫过于看着一群好好的青年，一步一步的往坏路上走。诸君猛醒啊！现在你所厌所恨的人，就是你前车之鉴了。

诸君啊，你现在怀疑吗？沉闷吗？悲哀痛苦吗？觉得外边的压迫你不能抵抗吗？我告诉你，你怀疑和沉闷，便是你因不知才会惑。你悲哀痛苦，便是你因不仁才会忧。你觉得你不能抵抗外界的压迫，便是你因不勇才有惧。这都是你的知、情、意未经过修养磨炼，所以还未成个人。我盼望你有痛切的自觉啊！有了自觉，自然会自动。那么，学校之外，当然有许多学问，读一卷经，翻一部史，到处都可以发现诸君的良师呀！

诸君啊，醒醒罢！养足你的根本智慧，体验出你的人格人生观，保护好你的自由意志。你成人不成人，就看这几年哩。

学问的趣味与趣味的学问

今天的讲题,是"学问的趣味与趣味的学问"。说来有趣味得很,有许多熟朋友说:"若把梁任公这个人解剖或者用化学化分一下,把里头所含一种原素名叫'趣味'的抽出来,只怕所剩下仅有零了。"这话虽有点滑稽,但我承认我是一个趣味主义者。我以为:凡人必常常生活于趣味之中,生活才有价值。

孔子表白他自己的生活,并没有特别过人之处,不过是"学而时习之,不亦悦乎!有朋自远方来,不亦乐乎!人不知而不愠,不亦君子乎!"什么"悦"啦,"乐"啦,"不愠"啦,可以说是孔子全生活的总量。我们看他对于自己的工作,镇日的"发愤忘食,乐以忘忧","学而不厌,诲人不倦";

他教人亦复如此："子路问政……请益。子曰：毋倦"，"子张问政，子曰：居之无倦，行之以忠"，处处都是教人对于自己的职业忠实做去不要厌倦。孔子所以成就如此伟大，就是因为他"不厌不倦"。他为什么能不厌不倦？就是因为对于自己所活动的对境感觉趣味。一个人若哭丧着脸挨过几十年，那么生命便成沙漠，要来何用？倒不如早日投海的好。所以我们无论为自己求受用，为社会求幸福，为全世界求进化，都有提倡趣味生活的必要。我是一个最饶趣味的人，我教人——也是要把趣味印到大家身上去，乃至讲政治经济，也把他认为一种有趣味的科学。像那简单的马克思唯物史观的物质生活，是我所反对的。

（一）

怎样才算着趣味？就广义方面观之，爱饮酒的有酒的趣味，爱赌博的有赌博的趣味，不过这种趣味，与我的趣味，不能完全相印。我的趣味，是有条件的：（一）凡趣味总要自己去领略，佛典上说："如人饮水，冷暖自知。"人家可以给你的趣味，不能算作趣味的目的；（二）趣味要能永久存在，凡一件事作下去生出和趣味相反的结果，这也不能作趣味的目的。赌钱有趣味吗？输了怎么样？吃酒有趣味吗？

醉了病了怎么样？升官发财有趣味吗？遇着外面的障碍，不能贯彻自己做官发财的主张怎么样？……诸如此类，虽然在短时间像有趣味，结果会闹到俗语说的"没趣一齐来"。所以我们不能承认他是趣味，凡趣味的性质，总要不受外面的反动阻夺永远可以存在，好比"江上清风——山间明月"一样。同学们听我这几句话，切勿误会我以为，我用道德观念来选择趣味，我不问德不德，只问趣不趣，我并不是因为吃酒赌钱不合道德排斥他，是因为他易受反动障碍，所以反对他；不是以学问合于道德来提倡他，是因他能以趣味始以趣味终合于我趣味主义的条件，所以就来提倡学问——愿意把他作我生活主要的部分。

物质生活的人们，至少要寻得一二件精神生活，然后他的生活才不致干燥无味！且从事工作时，精神兴奋兴会淋漓，其效率必加倍增多，人人如此，必能组成一个兴趣丰富快乐的社会。但这种精神的对象是什么？广义说起来："文艺美术，就可说是学问。"简单说一句："学问就是趣味最好的目的物。"我们怎样能在学问上领着趣味，理论虽这样说，实际上能得到趣味的很少。我看好些学生，在学校里，未尝不腐精摇神，从事学问，一入社会，便把学问抛在一边。这是什么缘故？都是由于没有在学问上找到丰富的趣味。同学们要尝学问的兴趣吗？据我所经历的，有以下两条路可走：

第一，深入的研究。趣味总是慢慢的来，越引越多，好像吃甘蔗一样，越嚼他的滋味便越长。假如作学问，每天只有一二点钟，随便来消遣，浅尝中辍，没有丝毫研究性质，那当然不会发生兴趣。或者今天这样，明天那样，这当然也不会引起兴趣来。以我而论，见人家下围棋便要走，因为我不懂他，无法对他发生兴趣；那些对围棋有研究的人，纵然走一着，他都以为关系甚大，所以能终日坐围不厌。学问亦然，我们欲得到他的趣味，须选择一二种与自己脾味相合的，作毕生研究的主脑，或者提纲概括的观察，或者从事解剖分析的观察，不怕范围窄，越窄越便于聚精神；不怕问题难，越难越便于鼓勇气。务使我身心与学问融化为一体，然后才能得到无穷的乐趣。我国人对于学问兴趣，平均统计起来，比任何国人都赶不上，一去了学校，便不会继续研究。推其病根，一因为学校里科目太繁，一因为钟点过多，教师又不能设法使学生深造自得。考试又是分数平均，只要各科略窥门径，便不至于失败。酿成一种浅尝敷末的风气，学生于各科，都只知道他的当然，而不知道他的所以然，这个门穿一穿，那个门张一张，再不会看见"宗庙之美，百官之富"，叫他如何能发生趣味？我们要想领略趣味，便须专精一种或二种，为极深刻的研究，听讲看书，访问师长，实地观察，握管撰箸，都是关于此种，便易嚼出他的滋味来。那么，以后纵入社会，凡关于此类资料，方将从事搜集，互相印证，那至于抛弃不学呢？这样窄而深的研究，也许变成显微镜的生活。其实不然，万有学问，都是相通的，最怕对任何学问，没有趣味。只要对一二种发生浓厚趣味，以后移到旁的学问上，便可事半功倍。犹之书家临碑一样——初临欧时，需要三个月才好；后再临颜，只要一月便好，这是我个人经验之谈。所以我们只要对任何一门学问，发生最浓厚趣味，那便容易豁然贯通了。这是深入的研究方法。

第二，交替的研究。交替的方法，似乎与深入是相反的。其实要想从学问中得趣味，亦须有主辅的关系，最好以科学的研究为主，以文艺艺术为辅。同学们专学法律，以法律为主要科目，镇日在法律中讨生活，精神最易感受疲劳，为恢复疲劳起见，至少要在文艺美术方面找一种，轮流的参错掉换才好。就以本馆余学长说，他是专门研究行政法的，但同时他又是书画大家。一种是科学的学问，一种是美术的学问，两种都有相当涵养，常常互相交替，所以就把学问趣味越引越长，觉得日子有趣得很。我个人也是一年到头忙的不肯歇息，问我忙什么，不是那一般人的酒食征逐，忙的是我的趣味，我以为这是人生最合理的生活，精神舒服得很。若专从物质上讨生活，最容易受客观的限制和反动，也可以说："是非趣味的。"这种非趣味的生活，好比打电报一样，专打回头电报，就容易令人们精神上感受无限痛苦——兴会颓唐——元气斫丧了。我并不是绝对排斥物质的人，因为我经验的结果，觉得物质生活中，更要找到其他的一两样，作我们精神的寄托。这种精神生活主要的条件，是"无所为而为"。好比同学们希望收回法权，为学问而学问的人，法权收回固乐，就是一时不能达到目的——甚至无法律事务可办，也未尝不乐。你问我："为什么作学问？"我便答道："不为什么。"再问，我便答道："为学问而学问。"或者答道："为我的趣味。"结果就是学问绝对无用，只要对于真理有所创获，我个人便觉得其味无穷——无入而不自得了。

（二）

以上讲的是"学问的趣味"，以下再讲"趣味的学问"，更觉有趣。我们无论遇着什么事，都当作客观有趣味的资料。孟子说："有人于此，其待我以横逆，则君子必自反也……"云云。人以无理加到我身，普通人必采取报复主义，孟子偏偏要自反，是我的错误吗？是我的不仁不忠吗？这是何等涵养的态度！人能以这种态度接物，每遇横逆之来，便借此机会，研究到我自己的过处，究竟他为什么这样？甚至把客观所有的事，都当作我自己研究的资料，这样，便易得增进自己的阅历经验。普通一般人，遇到一事困难，便颓丧消极，在趣味主义者观之，以为研究的机会到了。仔细思量这回失败的原因——在我本身么？在社会环境么？方将研究之不暇，那有失意沮丧的暇晷呢？我个人遇着事总是这样，就是本馆成立，零零碎碎的琐事，非常麻烦。我总把他当作趣味，好容易给我一个机会，从容研究，决不肯轻易放过。譬如自己是个爱嫖爱赌的人，当嫖时赌时，就要思量，人家都不爱，我为什么要这样？本身生理上变态吗？客观环境促成的吗？能常常这样的反观内照，切己体察，那么，无论人家的自己的生理上、心理上一切关系，都可作为我自己研究的资料了。事愈多，学问就可以越发多，越困难，趣味就可以随之发生。我国从前的伟大学者——陆象山①、王阳明二先生的学问，就是依这种方法作成的。陆子常说：他的学问，全从人情事变上作工夫。又说：他二十几岁时，他那大家族的麻烦帐务，经着他经管了一年，这

---

① 陆象山：原名陆九渊，号象山，世称陆象山、陆子。中国南宋理学家、心学奠基人。

一年是他毕生学问成就最重要的关键。阳明先生呢，他在江西讲学，一日某县吏往听，觉得很好，便说："我们镇日兵刑钱谷，不暇学问。"阳明听着，便指示他说："谁叫你离开事务作学问？"从这一点，就可以想到阳明作学问的方法了。他是主张"知行合一"的人，他以为："致良知"，就是把良知推致到事事物物之上，良知离了事物，便是空虚的。所以研究学问，须将良知与事物打成一片才好。阳明很后悔——在龙场失了许多机会，晚年到江西，在军事旁午的时候，就是他学问进步最猛烈的时候。他遇着事情棘手的时候，困难自困难，呕气自呕气，他总是研究为什么困难，为什么呕气，抱着"廓然大公，物来顺应"的态度。这样作学问，所以能不劳苦，不费力，就会得着一种"内圣外王"伟大的学问。如一定要闭门静坐，说我如何存养、如何慎独，那么，反不能鞭辟入里，清切有味。而且不懂得趣味的人，闭起门来作学问，一旦出而应物，稍遇困难，便形颓丧，他的学问事业，一定不会永远继续下去的。惟能像陆王派的学问家，把客观的事实，都当作趣味资料，优游涵泳，怡然自得，保全自己的生活元气，庶可以老而弥健，自强不息呢！

以上我说的两件事，虽然像是老生常谈，恐怕大多数人都不曾会这样做。唉！我们自己有这种不假外求不会蚀本不会出毛病的趣味世界，竟没有几个人肯来享受，这是很可惜的！我今天效"野人献曝"的故事，特地把自己所经历的告诉同学们，希望同学们都起来尝尝这个趣味吧！

趣味教育与教育趣味

一

假如有人问我："你信仰的什么主义？"我便答道："我信仰的是趣味主义。"有人问我："你的人生观拿什么做根柢？"我便答道："拿趣味做根柢。"我生平对于自己所做的事，总是做得津津有味，而且兴会淋漓。什么悲观咧、厌世咧这种字面，我所用的字典里头，可以说完全没有。我所做的事，常常失败——严格的可以说没有一件不失败——然而我总是一面失败一面做，因为我不但在成功里头感觉趣味，就是在失败里头也感觉趣味。我每天除了睡觉外，没有一分钟一秒钟不是积极的活动，然而我绝不觉得疲倦，而且很少生病。因为我每天的活动有趣得很，精神上的快乐，补得过物质上的消耗而有余。

趣味的反面，是干瘪，是萧索。晋朝有位殷仲文，晚年常郁郁不乐，指着院子里头的大槐树叹气，说道："此树婆娑，生意尽矣。"一棵新栽的树，欣欣向荣，何等可爱！到老了之后，表面上虽然很婆娑，骨子里生意已尽，算是这一期的生活完结了。殷仲文这两句话，是用很好的文学技能，表出那种颓唐落寞的情绪。我以为这种情绪，是再坏没有的了，无论一个人或一个社会，倘若被这种情绪侵入弥漫，这个人或这个社会算是完了，再不会有长进。何止没长进，什么坏事，都要从此产育出来。总而言之，趣味是活动的源泉，趣味干竭，活动便跟着停止。好像机器房里没有燃料，发不出蒸汽来，任凭你多大的机器，总要停摆。停摆过后，机器还要生锈，产生许多毒害的物质哩。人类若到把趣味丧失掉的时候，老实说，便是生活得不耐烦，那人虽然勉强留在世间，也不过行尸走肉。倘若全个社会如此，那社会便是痨病的社会，早已被医生宣告死刑。

二

"趣味教育"这个名词，并不是我所创造，近代欧美教育界早已通行了，但他们还是拿趣味当手段，我想进一步，拿趣味当目的。请简单说一说我的意见：

第一，趣味是生活的原动力，趣味丧掉，生活便成了无意义。这是不错，但趣味的性质，不见得都是好的。譬如好嫖好赌，何尝不是趣味？但从教育的眼光看来，这种趣味的性质，当然是不好。所谓好不好，并不必拿严酷的道德论做标准，既已主张趣味，便要求趣味的贯彻，倘若以有趣始以没趣终，那么趣味主义的精神，算完全崩落了。《世说新语》记一段故事："祖约性好钱，阮孚性好屐，世未判其得失。有诣约，见正料量财物，客至屏当不尽，余两小簏，以著背后，倾身障之。意未能平，诣孚，正见自蜡屐，因叹曰：'未知一生当着几纳屐？'意甚闲畅，于是优劣始分。"这段话很可以作为选择趣味的标准，凡一种趣味事项，倘或是要瞒人的，或是拿别人的苦痛换自己的快乐，或是快乐和烦恼相间相续的，这等统名为下等趣味，严格说起来，他就根本不能做趣味的主体。因为认这类事当趣味的人，常常遇着败兴，而且结果必至于俗语说的"没兴一齐来"而后已，所以我们讲趣味主义的人，绝不承认此等为趣味。人生在幼年、青年期，趣味是最浓的，成天价乱碰乱进，若不引他到高等趣味的路上，他们便非流入下等趣味不可。没有受过教育的人，固然容易如此；教育教得不如法，学生在学校里头找不出趣味，然而他们的趣味是压不住的，自然会从校课以外乃至校课反对的方向去找他的下等趣味，结果，他们的趣味是不能贯彻的，整个变成没趣的人生完事。我们主张趣味教育的人，是要趁儿童或青年趣味正浓而方向未决定的时候，给他们一种可以终身受用的趣味，这种教育办得圆满，能够令全社会整个永久是有趣的。

　　第二，既然如此，那么教育的方法，自然也跟着解决了。教育家无论多大能力，总不能把某种学问教通了学生，只能令受教的学生当着某种学问的趣味，或者学生对于某种学问原有趣味，教育家把他加深加厚。所以教育事业，从积极方面说，全在唤起趣味；从消极方面说，要十分注意，不可以摧残趣味。摧残趣味有几条路，头一件是注射式的教育，教师把课本里头东西叫学生强记，好像嚼饭给小孩子吃，那饭已经是一点儿滋味没有了，还要叫他照样的嚼几口，仍旧吐出来看，那么，假令我是个小孩子，当然会认为吃饭是一件苦不可言的事了。这种教育法，从前教八股完全是如此，现在学校里形式虽变，精神却还是大同小异，这样教下去，只怕永远教不出人才来。

　　第二件是课目太多，为培养常识起见，学堂课目固然不能太少，为恢复疲劳起见，每日的课目固然不能不参错掉换。但这种理论，只能为程度的适用，若用得过分，毛病便会发生。趣味的性质，是越引越深，想引得深，总要时间和精力比较的集中才可。若在一个时期内，同时做十来种的功课，走马看花，应接不暇，初时或者惹起多方面的趣味，结果任何方面的趣味都不能养成。那么，教育效率，可以等于零。为什么呢？因为受教育受了好些时，件件都是在大门口一望便了，完全和自己的生活不发生关系，这教育不是白费吗？

　　第三件是拿教育的事项当手段。从前我们学八股，大家有句通行话说他是敲门砖，门敲开了自然把砖也抛却，再不会有人和那块砖头发生起恋爱来。我们若是拿学问当作敲门砖看待，断乎不能有深入而且持久的趣味。我们为什么学数学？因为数学有趣所以学数学。为什么学历史？因为历史有趣所以学历史。为什么学画画、学打球？因为画画有趣、打球有趣，所以学画画、学打球。人生的状态，本来是如此，教育的最大效能，也只是如此。各人选择他趣味最浓的事项做职业，自然一切劳作都是目的，不是手段，越劳作越有趣。反过来，若是学法政用来作做官的手段，官做不成怎么样呢？学经济用来做发财的手段，财发不成怎么样呢？

结果必至于把趣味完全送掉。所以教育家最要紧教学生知道是为学问，而学问为活动而活动，所有学问、所有活动，都是目的，不是手段，学生能领会得这个见解，他的趣味，自然终身不衰了。

三

以上所说，是我主张趣味教育的要旨。既然如此，那么在教育界立身的人，应该以教育为唯一的趣味。更不消说了，一个人若是在教育上不感觉有趣味，我劝他立刻改行，何必在此受苦。既已打算拿教育做职业，便要认真享乐，不辜负了这里头的妙味。

孟子说："君子有三乐，而王天下不与存焉。"那第三种就是："得天下英才而教育之。"他的意思是说教育家比皇帝还要快乐。他这话绝不是替教育家吹空气，实际情形，确是如此。我常想，我们对于自然界的趣味，莫过于种花，自然界的美，像山水风月等等，虽然能移我情，但我和他没有特殊密切的关系，他的美妙处，我有时便领略不出。我自己手种的花，他的生命和我的生命简直并合为一，所以我对着他，有说不出来的无上妙味。凡人工所做的事，那失败和成功的程度都不能预料，独有种花，你只要用一分心力，自然有一分效果还你，而且效果是日日不同，一日比一日进步。教育事业正和种花一样，教育者与被教育者的生命是并合为一的，教育者所用的心力，真是俗语说的"一分钱一分货"，丝毫不会枉费。所以我们要选择趣味最真而最长的职业，再没有别样比得上教育。

现在的中国，政治方面，经济方面，没有那件说起来不令人头痛，但回到我们教育的本行，便有一条光明大路，摆在我们前面。从前国家托命，靠一个皇帝；皇帝不行，就望太子。所以许多政论家——像贾长沙一流都最注重太子的教育。如今国家托命是在人民，现在的人民不行，就望将来的人民。现在学校里的儿童青年，个个都是"太子"，教育家便是"太子太傅"。据我看，我们这一代的太子，真是"富于春秋典学光明"，这些当太傅的，只要"鞠躬尽瘁"，好生把他培养出来，不愁不眼见中兴大业！所以别方面的趣味，或者难得保持，因为到处挂着"此路不通"的牌子，容易把人的兴头打断，教育家却全然不受这种限制。

教育家还有一种特别便宜的事，因为"教学相长"的关系，教人和自己研究学问是分离不开的，自己对于自己所好的学问，能有机会终身研究，是人生最快乐的事。这种快乐，也是绝对自由，一点不受恶社会的限制。做别的职业的人，虽然未尝不可以研究学问，但学问总成了副业了。从事教育职业的人，一面教育，一面学问，两件事完全打成一片。所以别的职业是一重趣味，教育家是两重趣味。

孔子屡屡说："学而不厌，诲人不倦。"他的门生赞美他说："正唯弟子不能及也。"一个人谁也不学，谁也不诲人，所难者确在不厌不倦，问他为什么能不厌不倦呢？只是领略得个中趣味，当然不能自已。你想，一面学，一面诲人，人也教得进步了，自己所好的学问也进步了，天下还有比他再快活的事吗？人生在世数十年，终不能一刻不活动，别的活动都不免常常陷在烦恼里头，独有好学和好诲人，真是可以无入而不自得，若真能在这里得了趣味，还会厌吗？还会倦吗？孔子又说："知之者不如好之者，好之者不如乐之者。"诸君都是在教育界立身的人，我希望更从教育的可好可乐之点，切实体验，那么，不惟诸君本身得无限受用，我们全教育界也增加许多活气了。

美术与生活

诸君，我是不懂美术的人，本来不配在此讲演，但我虽然不懂美术，却十分感觉美术之必要。好在今日在座诸君，和我同一样的门外汉谅也不少，我并不是和懂美术的人讲美术，我是专要和不懂美术的人讲美术，因为人类固然不能个个都做供给美术的"美术家"，然而不可不个个都做享用美术的"美术人"。

"美术人"这三个字是我杜撰的，谅来诸君听着很不顺耳，但我确信"美"是人类生活一要素——或者还是各种要素中之最要者，倘若在生活全内容中把"美"的成分抽出，恐怕便活得不自在甚至活不成。中国向来非不讲美术——而且还有很好的美术，但据多数人见解，总以为美术是一种奢侈品，从不肯和布帛菽粟一样看待，认为生活必需品之一。我觉得中国人生活之不能向上，大半由此。所以今日要标"美术与生活"这题，特和诸君商榷一回。

问：人类生活于什么？我便一点不迟疑答道："生活于趣味。"这句话虽然不敢说把生活全内容包举无遗，最少也算把生活根芽道出，人若活得无趣，恐怕不活着还好些，而且勉强活也活不下去。人怎样会活得无趣呢？第一种，我叫他做石缝的生活，挤得紧紧的没有丝毫开拓余地。又好像披枷带锁，永远走不出监牢一步。第二种，我叫他做沙漠的生活，干透了没有一毫润泽，板死了没有一毫变化。又好像蜡人一般，没有一点血色。又好像一株枯树，庾子山说的"此树婆娑生意尽矣"，这种生活是否还能叫做生活，实属一个问题。所以我虽不敢说趣味便是生活，然而敢说没趣便不成生活。

趣味之必要既已如此，然则趣味之源泉在那里呢？依我看有三种：

第一，对境之赏会与复现。人类任操何种卑下职业，任处何种烦劳境界，要之总有机会和自然之美相接触——所谓水流花放，云卷月明，美景良辰，赏心乐事，只要你在一刹那间领略出来，可以把一天的疲劳忽然恢复，把多少时的烦恼丢在九霄云外。倘若能把这些影像印在脑里头令他不时复现，每复现一回，亦可以发生与初次领略时同等或仅较差的效用，人类想在这种尘劳世界中得有趣味，这便是一条路。

第二，心态之抽出与印契。人类心理，凡遇着快乐的事，把快乐状态归拢一想，越想便越有味，或别人替我指点出来，我的快乐程度也增加。凡遇着苦痛的事，把苦痛倾筐倒箧吐露出来，或别人能够看出我苦痛替我说出，我的苦痛程度反会减少。不惟如此，看出说出别人的快乐，也增加我的快乐；替别人看出说出苦痛，也减少我的苦痛。这种道理，因为各人的心都有个微妙的所在，只要搔着痒处，便把微妙之门打开了，那种愉快，真是得未曾有，所以俗话叫做"开心"。我们要求趣味，这又是一条路。

第三，他界之冥构与蓦进。对于现在环境不满，是人类普通心理，其所以能进化者亦在此，就令没有什么不满，然而在同一环境之下生活久了，自然也会生厌。不满尽管不满，生厌尽管生厌，然而脱离不掉他，这便是苦恼根源。然则怎样救济法呢？肉体上的生活，虽然被现实的环境捆死了，精神上的生活，却常常对于环境宣告独立。或想到将来希望如何如何，或想到别个世界例如文学家的桃源，哲学家的乌托邦，宗教学的天堂净土如何如何，忽然间超越现实界闯入理想界去，便是那人的自由天地。我们欲求趣味，这又是一条路。

第三种趣味，无论何人都会发动的，但因各人感觉机关用得熟与不熟，以及外界帮助引起的机会有无多少，于是趣味享用之程度，生出无量差别，感觉器官敏则趣味增，感觉器官钝则趣味减；诱发机缘多则趣味强，诱发机缘少则趣味弱。专从事诱发以刺激各人器官不使钝的有三种利器：一是文学，二是音乐，三是美术。

今专从美术讲，美术中最主要的一派，是描写自然之美，常常把我们所曾经赏会或像是曾经赏会的都复现出来。我们过去赏会的影子印在脑中，因时间之经过渐渐淡下去，终必有不能复现之一日，趣味也跟着消灭了。一幅名画在此，看一回便复现一回，这画存在，我的趣味便永远存在。不惟如此，还有许多我们从前不注意赏会不出的，他都写出来指导我们赏会的路，我们多看几次，便懂得赏会方法，往后碰着种种美境，我们也增加许多赏会资料了。这是美术给我们趣味的第一件。

美术中有刻画心态的一派，把人的心理看穿了，喜怒哀乐，都活跳在纸上，本来是日常习见的事，但因他写的惟妙惟肖，便不知不觉间把我们的心弦拨动，我快乐时看他便增加快乐，我苦痛时看他便减少苦痛。这是美术给我们趣味的第二件。

美术中有不写实境实态而纯凭理想构造成的，有时我们想构一境，自觉模糊断续不能构成，被他都替我表现了，而且他所构的境界种种色色有许多为我们所万想不到，而且他所构的境界优美高尚，能把我们卑下平凡的境界压下去。他有魔力，能引我们跟着他走，闯进他所到之地，我们看他的作品时，便和他同住一个超越的自由天地。这是美术给我们趣味的第三件。

要而论之，审美本能，是我们人人都有的，但感觉器官不常用或不会用，久而久之麻木了。一个人麻木，那人便成了没趣的人；一民族麻木，那民族便成了没趣的民族。美术的功用，在把这种麻木状态恢复过来，令没趣变为有趣。换句话说，是把那渐渐坏掉了的爱美胃口，替他复原，令他常常吸受趣味的营养，以维持增进自己的生活康健。明白这种道理，便知美术这样东西在人类文化系统上该占何等位置了。

以上是专就一般人说。若就美术家自身说，他们的趣味生活，自然更与众不同了，他们的美感，比我们锐敏若干倍，正如《牡丹亭》说的："我常一生儿爱好是天然。"我们领略不着的趣味，他们都能领略，领略够了，终把些唾余分赠我们，分赠了我们，他们自己并没有一毫破费。正如老子说的："既以为人己愈有，既以与人己愈多。"假使"人生生活于趣味"这句话不错，他们的生活真是理想生活了。

今日的中国，一方面要多出些供给美术的美术家，一方面要普及养成享用美术的美术人，这两件事都是美术专门学校的责任。然而该怎样的督促赞助美术专门学校叫他完成这责任，又是教育界乃至一般市民的责任。我希望海内美术大家和我们不懂美术的门外汉各尽责任做去。

无聊消遣

现时交际社会上有几句最通行的说话，彼此见面，多半问道："近来作何消遣？"那答话的多半说道："无聊得狠，不过随便做做某样某样的玩意儿混日子罢了。"这几句话头，外面看来，像没有甚么大罪恶，那里知道这便是亡国灭种的根源。这种流行病，一个人染着，这一个人便算完了；全国人染着，这国家便算完了。

天下最可宝贵的物件，无过于时间。因为别的物件，总可以失而复得；惟有时间，过了一秒，即失去一秒，过了一分，即失去一分，过了一刻，即失去一刻，失去之后，是永远不能恢复的。任凭你有多大权力，也不能堵着他不叫他过去；任凭你有多少金钱，也不能买他转来。所以古人讲的惜寸阴惜分阴，这并不是说来好听，他实在觉得天下可爱惜之物，没有能够比上这件的，所以拼命的一丝一毫不肯轻轻放过。近来世界上发明许多科学论他的作用，不过替人类节省时间的耗费，增大时间的效力。从前两三点钟才能办结的事，现在一点半点便可办结。因此尚可以将剩下的时间，腾出来拿去又干别的事业。所以现在的人，一日抵得过古人两三日的用处，一年抵得过古人两三年的用处，所以一世人能做古人两三世的事业。现世文明进步一日千里，这便是一个最大关键。我国因为科学不发达，没有种种善用时间的方法，没有种种节省时间的器具，就令我们比人家加一倍勤劳，也只好做一世人当得人家半世便了。却是人家一日当得两三日用的还嫌不够，兢兢业业的一分一秒不敢糟蹋。我们两三日只当得一日用的，倒反觉得把他无可奈何，单只想个方法来消了他，遣了他。咳！那里想到天地间一种无价至宝，一落到我中国人手里，便一钱不值到这个田地。咳！可痛！咳！可怜！

《论语》说的有两段话：一段是"饱食终日无所用心，难矣哉"；一段是"群居终日，言不及义，好行小慧，难矣哉"。孔子教人向来没有说过一个难字，单单对着这种人，一回说难矣哉，两回说难矣哉，可见这种人真是自外生成，便是孔圣人也拿他无法可施的了。

《大学》说的"小人闲居为不善,无所不至",王阳明解说道:"闲居时有何不善可为,只有一种懒散精神,漫无着落,便是万恶渊薮,便是小人无忌惮处。"就此看来这种无聊咧,消遣咧,别看着是一种种不相干的话题,须知种种堕落种种罪恶,都是从这里发生了。

一个人这样懒懒散散,这一个人便没了前途,全国人这样懒懒散散,这个国家这个种族便没了前途。三十年前有游历朝鲜的人做的笔记,说道:"朝鲜人每日起来,个个都是把着一壶茶,衔着一根长烟袋,坐着树下歇凉,望过去像神仙中人。就只一点,便是朝鲜亡国灭种的根子。"前清末年,京城里旗人个个总靠着一分口粮,舒舒服服过日子,个个都是成日价手拿着一个雀笼,口哼着几句戏腔,无聊无赖,日过一日,稍有眼光的早知道这一种人不久就要被天然淘汰了。咄!我中国人,好的不学,倒要跟着朝鲜人学,跟着满洲人学,我看现在号称上中流社会的一班人,学他们倒越学越像了。既已如此,我们国家的将来种族的将来,那朝鲜人、满洲人就是个榜样,这因果一定的法则,还可逃避吗?

顾亭林说的:"天下兴亡,匹夫有责。"须知这两句话,并不是教人个个去出风头、做志士做伟人才算负责，就只我们日用起居平淡无奇的勾当，不是向兴国方面加一分力，便是向亡国方面加一分力。你道亡朝鲜的罪专在李完用等几个人身上吗？据我说，朝鲜几千万人没有一个脱得了干系，因为世间没有能在懒惰中生存的人类，没有能在懒惰中生存的国民。现在朝鲜是亡过了，恐怕世界上第一等懒惰国民要算我中国了，第一等懒惰人类要算我中国内号称上中流社会的人了。我想中国别的危险，还容易救，就是这上中流社会一种无聊懒散的流行病，真真是亡国铁券，教我越想越寒心啊！

读我这篇文章的人或者说道：我实无聊，所以要消遣，汝有甚么方法教我有聊呢？这个我可以简单直截回他一句话：汝的无聊，是汝自己招的，汝要无聊，谁亦不能叫汝有聊。汝自己不要无聊，那么多少年无聊种子，就立刻消灭净尽了。汝若是真真自己不要无聊，还请将我前次所问"人生目的何在"这一句话细细参来。

人生目的何在

呜呼！可怜！世人尔许忙！忙个甚么？所为何来？

那安分守己的人，从稍有知识之日起，入学校忙，学校毕业忙，求职业忙，结婚忙，生儿女忙，养儿女忙，每日之间，穿衣忙，吃饭忙，睡觉忙，到了结果，老忙，病忙，死忙。忙个甚么？所为何来？

还有那些号称上流社会，号称国民优秀分子的，做官忙，带兵忙，当议员忙，赚钱忙；最高等的，争总理、总长忙，争督军、省长忙，争总统、副总统忙，争某项势力某处地盘忙；次一等的，争得缺忙，争兼差忙，争公私团体位置忙。由是而运动忙，交涉忙，出风头忙，捣乱忙，奉承人忙，受人奉承忙，攻击人忙，受人攻击忙，倾轧人忙，受人倾轧忙。由是而妄语忙，而欺诈行为忙，而妒嫉忙，而恚恨忙，而怨毒忙。由是而决斗忙，而惨杀忙。由是而卖友忙，而卖国忙，而卖身忙。那一时得志的便宫室之美忙，妻妾之奉忙，所识穷乏者得我忙；每日行事，则请客忙，拜客忙，坐马车汽车忙，麻雀忙，扑克忙，花酒忙，听戏忙，陪姨太太作乐忙，和朋友评长论短忙。不得志的那里肯干休，还是忙；已得志的那里便满足，还是忙。就是那外面像极安闲的时候，心里千般百计转来转去，恐怕比忙时还加倍忙。乃至夜里睡着，梦想颠倒罣痴恐怖，和日间还是一样的忙。到了结果，依然还他一个老忙，病忙，死忙。忙个甚么？所为何来？

有人答道：我忙的是要想得快乐。人生在世，是否以个人快乐为究竟目的，为最高目的，此理甚长，暂不细说。便是将快乐作为人生目的之一，我亦承认。但我却要切切实实问一句话：汝如此忙来忙去，究竟现时是否快乐？从前所得快乐究竟有多少，将来所得快乐究竟在何处？拿过去现在未来的快乐，和过去现在未来的烦恼，相乘相除是否合算？白香山诗云："妻子欢娱僮仆饱，看来算只为他人。"当知虽有广厦千间，我坐不过要一床，卧不过要一榻。虽有貂狐之裘千袭，难道我能縠无冬无夏，把他全数披在身上？虽有侍妾数百人，我难道能同时一个一个陪奉他受用？若真真从个人自己快乐着想，倒不如万缘俱绝，落得清净。像汝这等忙来忙去，钩心斗角，时时刻刻，都是现世地狱，未免太不会打算盘了。如此看来，那里是求快乐，直是讨苦吃。我且问汝：汝到底忙个甚么，所为何来？若说汝目的在要讨苦吃，未免不近人情；如若不然，汝总须寻根究柢，还出一个目的来。

以上所说，是那一种过分的欲求，一面自讨苦吃，一面造成社会上种种罪恶的根源。此等人不惟可怜而且可恨，不必说他了。至于那安分守己的人，成日成年，勤苦劳作，问他忙个甚么，所为何来，他便答道：我总要维持我的生命，保育我的儿女。这种答语，原是天公地道，无可批驳。但我还要追问一句：汝到底为甚么要维持汝的生命；汝维持汝的生命，究竟有何用处？若别无用处，那便是为生命而维持生命。难道天地间有衣服怕没人穿，有饭怕没人吃，偏要添汝一个人来帮着消缴不成？则那全世界十余万万人，个个都是为穿衣吃饭两件事来这世间鬼混几十年，则那自古及今无量无数人，生生死死死死生生，不过专门来帮造化小儿吃饭，则人生岂复更有一毫意味？又既已如此，然则汝用种种方法，保育汝家族，繁殖汝子孙，又所为何来？

难道因为天地间缺少衣架缺少饭囊，必须待汝构造？如若不然，则汝一日一月一年一世忙来忙去，到底为的甚么，汝总须寻根究柢，牙清齿白，还出一个目的来。

孟子曰："人之所以异于禽兽者几希。"且道这几希的分别究在何处。依我说：禽兽为无目的的生活，人类为有目的的生活，这便是此两部分众生不可逾越的大界线。鸡狗彘终日营营，问他忙个甚么，所为何来？虫蝶翩翾，蛇蟺蜿蜒，问他忙个甚么，所为何来？溷厕中无量无数粪蛆，你爬在我背上，我又爬在你背上，问他忙个甚么，所为何来？我能代他答道：我忙个忙，我不为何来。勉强进一步则代答道：我为维持我生命繁殖我子孙而来。试问人类专来替造化小儿穿衣吃饭过一生的，与彼等有何分别。那争权争利争地位忽然趾高气扬忽然垂头丧气的人，和那爬在背上挤在底下的粪蛆有何分别。这便叫做无目的的生活。无目的的生活，只算禽兽不算是人。

我这段说话，并非教人不要忙，更非教人厌世。忙是人生的本分，试观中外古今大人物，若大禹、若孔子、若墨子、若释迦、若基督，乃至其他圣哲豪杰，那一个肯自己偷闲，那一个不是席不暇煖突不得黔奔走栖皇一生到老。若厌忙求闲，岂不反成了衣架饭囊材料。至于说到厌世，这是没志气人所用的字典方有此二字；古来圣哲，从未说过，千万不要误会了。我所说的是告诉汝终日忙终年忙，总须向着一个目的亡去。汝过去现在到底忙个甚么，所为何来？不惟我不知道，恐怕连汝自己也不知道；汝自己不惟不知道，恐怕自有生以来，未曾想过。呜呼！人生无常，人身难得。数十寒暑，一弹指顷，便尔过去；今之少年，曾几何时，忽已欣然而壮，忽复颓然而老，忽遂奄然而死。囫囵模糊，蒙头盖面，包脓裹血，过此一生，岂不可怜，岂不可惜。何况这种无目的的生活，决定和那种种忧怖烦恼纠缠不解，长夜漫漫，如何过得。我劝汝寻根究柢还出一个目的来，便是叫汝黑暗中觅取光明，教汝求一个安身立命的所在。汝要求不要求，只得随汝，我又何能勉强。但我有一句话：汝若到底还不出一个目的来，汝的生活，便是无目的，便是和禽兽一样，恐怕便成孟子所说的话"如此则与禽兽奚择"了。

汝若问我人生目的究竟何在，我且不必说出来，待汝痛痛切切彻底参详透了，方有商量。

最苦与最乐

人生甚么事最苦呢？贫吗？不是。病吗？不是。失意吗？不是。老吗？死吗？都不是。我说人生最苦的事，莫苦于身上背着一种未来的责任。

人若能知足，虽贫不苦；若能安分（不多作分外希望），虽失意不苦；老、病、死，乃人生难免的事，达观的人，看得狠平常，也不算甚么苦。独是凡人生在世间一天，便有一天应该做的事。该做的事没有做完，便像是有几千斤重担子压在肩头，再苦是没有的了。为甚么呢？因为受那良心责备不过，要逃躲也没处逃躲呀！

答应人办一件事没有办，欠了人的钱没有还，受了人家的恩典没有报答，得罪错了人没有赔礼，这就连这个人的面也几乎不敢见他；纵然不见他面，睡里梦里都像有他的影子来缠着我。为甚么呢？因为觉得对不住他呀，因为自己对于他的责任还没有解除呀！不独是对于一个人如此，就是对于家庭，对于社会，对于国家，乃至对于自己，都是如此。凡属我受过他好处的人，我对于他便有了责任。（家庭，社会，国家，也可当作一个人看。我们都是曾经受过家庭、社会、国家的好处，而且现在还受着他的好处，所以对于他常常有责任。）凡属我应该做的事，而且力量能够做得到的，我对于这件事便有了责任。（譬如父母有病，不能靠别人伺候，这是我应该做的事，求医觅药，是我力量能做得到的事，我若不做，便是不尽责任。医药救得转来救不转来，这却不是我的责任。）凡属我自己打主意做一件事，便是现在的自己和将来的自己立了一种契约，便是自己对于自己加一层责任。（譬如我已经定了主意，要戒烟，从此便负了有不吸烟的责任。我已经定了主意，要著一部书，从此便有著成这部书的责任。这种不是对于别人负责任，却是现在的自己对于过去的自己负责任。）有了这责任，那良心便时时刻刻监督在后头。一日应尽的责任没有尽，到夜里头便是过的苦痛日子。一生应尽的责任没有尽，便死也是带着苦痛往坟墓里去。这种苦痛，却比不得普通的贫、病、老、死，可以达观排解得来。所以我说，人生没有苦痛便罢，若有苦痛，当然没有比这个加重的了。

翻过来看，甚么事最快乐呢？自然责任完了，算是人生第一件乐事。古语说"如释重负"，俗语亦说是"心上一块石头落了地"，人到这个时候，那种轻松愉快，直不可以言语形容。责任越重大，负责的日子越久长，到责任完了时，海阔天空，心安理得，那快乐还要加几倍哩！大抵天下事，从苦中得来的乐，才算真乐。人生须知道有负责任的苦处，才能知道有尽责任的乐处。这种苦乐循环，便是这有活力的人间一种趣味，却是不尽责任，受良心责备，这些苦都是由自己找来的。一翻过来，处处尽责任，便处处快乐；时时尽责任，便时时快乐。快乐之权操之在己，孔子所以说"无入而不自得"，正是这种作用哩！

然则为甚么孟子又说"君子有终身之忧"呢？因为越是圣贤豪杰，他负的责任便越是重大；而且他常要把种种责任来揽在身上，肩头的担子，从没有放下的时节。曾子还说哩："任重而道远，死而后已，不亦远乎！"那仁人志士的忧民忧国，那诸圣诸佛的悲天悯人，虽说他是一辈子里苦痛，也都可以。但是他日日在那里尽责任，便日日在那里得苦中真乐，所以他到底还是乐不是苦呀！

有人说:既然这苦是从负责任生来,我若是将责任卸却,岂不就永远没有苦了吗?这却不然,责任是要解除了才没有,并不是卸了就没有。人生若能永远像两三岁小孩,本来没有责任,那就本来没有苦。到了长成,那责任自然压在你头上,如何能躲?不过有大小的分别罢了。尽得大的责任,就得大的快乐;尽得小的责任,就得小的快乐。你若是要躲,倒是自投苦海,永远不能解脱了。

权利保留，侵权必究。

图书在版编目（CIP）数据

少年中国说 / 梁启超著. -- 武汉：长江少年儿童出版社，2025.5. -- (课文作家经典作品系列).
ISBN 978-7-5721-4869-9

Ⅰ. B259.11-53

中国国家版本馆 CIP 数据核字第 2025Y0J414 号

课文作家经典作品系列·少年中国说
KEWEN ZUOJIA JINGDIAN ZUOPIN XILIE · SHAONIAN ZHONGGUOSHUO

梁启超　著

出 品 人：何　龙	封面插图：孙闻涛
策　　划：姚　磊　胡同印	内文插图：视觉中国
项目统筹：吴炫凝　汤　纯	排版制作：董　曼
责任编辑：熊利辉	责任校对：邓晓素
实习编辑：杨飞燕	责任印制：邱　刚　雷　恒
整体设计：陈　奇	

出版发行：长江少年儿童出版社
邮政编码：430070
网　　址：http：//www.cjcpg.com
承 印 厂：湖北新华印务有限公司
经　　销：新华书店湖北发行所
开　　本：720毫米×970毫米　1/16
印　　张：7
字　　数：60千字
版　　次：2025年5月第1版
印　　次：2025年5月第1次印刷
书　　号：ISBN 978-7-5721-4869-9
定　　价：28.00元

本书如有印装质量问题，可联系承印厂调换。